Wilhelm Baur

# Ernst Moritz Arndt. Biographie.

## Sein Leben, seine Ansichten und seine Lieder



SEVERUS Verlag

ISBN: 978-3-95801-632-3
Druck: SEVERUS Verlag, 2017
Nachdruck der Originalausgabe von 1882

Der SEVERUS Verlag ist ein Imprint der Diplomica Verlag GmbH.
Bibliografische Information der Deutschen Nationalbibliothek:
Die Deutsche Nationalbibliothek verzeichnet diese Publikation in der Deutschen Nationalbibliografie; detaillierte bibliografische Daten sind im Internet über http://dnb.d-nb.de abrufbar.

# Zur Einführung

Immer wieder von verschiedenen Freunden aufs Dringendste aufgefordert, meine Lebensgeschichte zu schreiben, glaubte ich doch diesem Wunsch niemals entsprechen zu können. Es waren mehrere Gründe, namentlich auch die mit jedem Jahr meines Alters zunehmenden geistigen Arbeiten, die es mir unmöglich erscheinen ließen, auch nur einen kurzen Abriss meines Lebens niederzuschreiben. Je mehr ich aber in das Lebensalter komme, da man jeden Augenblick gewärtig sein muss, von dieser Welt in die Ewigkeit abgerufen zu werden, desto größer, wunderbarer und anbetungswürdiger wurde mir beim Rückblick auf mein Leben das alles, was der Herr an mir und auch durch mich getan hat, und ich konnte dem Gedanken nicht mehr widerstehen, dass ich es meinem Gotte zur Verherrlichung seiner großen Güte und Gnade und den anderen Kindern Gottes zu ihrer Glaubensstärkung doch schuldig bin, wenigstens einige Züge meines Lebens aufzuzeichnen. Und so sind die folgenden Blätter entstanden, die keine eigentliche Lebensbeschreibung darstellen, sondern nur einige Erinnerungen und Erfahrungen meines Lebens, von denen ich dachte, dass sie auch anderen von einigem Nutzen sein könnten. Wertvolle Dienste hat mir dabei mein Sohn Hans geleistet, dem ich auch an dieser Stelle dafür danken möchte.

Teichwolframsdorf, April 1919.

# Erster Teil

# Erinnerungen

## *1. Mein Elternhaus und die Möttlinger Bewegung*

In Neuweiler, einem der Dörfer des unteren Schwarzwaldes, 2 ½ Stunden südöstlich von dem bekannten Bad Wildbad, bin ich am 11. Februar 1839 geboren. Meine frühesten Erinnerungen reichen bis in die ersten Tage meiner Schulzeit zurück. Damals herrschte noch sowohl im Hause meiner Eltern als auch im ganzen Dorfe tiefe Finsternis und Todesnacht. Ich erinnere mich, welchen Eindruck es auf mein kindliches Gemüt gemacht hat, als ich einige Monate lang die Schule besucht hatte und der Lehrer sehr ernst unterrichtete über die schwere Sünde des Fluchens. Da kam eine so große Angst über mich für meine Eltern, die ich doch sehr liebte, dass ich in der Angst auf die Tafel der Schulbank hinaufsprang und sehr laut in das Schulzimmer hineinschrie: »Herr Schulmeister, wie geht es dann meinem Vater und meiner Mutter? Die haben ja auch schon geflucht.« Die ganze Schule brach in lautes Gelächter über meine Einfalt aus, und meine Mutter schalt mich, dass ich meine Eltern so bloßgestellt hatte.

Wie man mir später von vielen Seiten erzählte, war fast das ganze Dorf, besonders durch das Wirtshausleben und das Laster der Trunksucht, auch wirtschaftlich heruntergekommen und ein Teil der Familien verarmt. Der Ortsgeistliche selbst war ein Trinker, ebenso die meisten Vorstände des Dorfes. Aber nur noch wenige Jahre sollte es in diesem Sündenverderben weitergehen, da kam die Liebe und das Erbarmen Gottes mit einer großen Gnadenheimsuchung über den ganzen Ort und auch über meiner Eltern Haus. Diese große Heimsuchung der göttlichen Gnade, die mich noch heute, so oft ich mich dieser Zeit erinnere, mit tiefster Bewegung und Anbetung erfüllt, ging von dem bekannten Pfarrer Blumhardt in Möttlingen aus. Vater und Mutter und alle meine acht Geschwister wurden von dem Feuer, das Gott angezündet hatte, ergriffen und alle für den Herrn gewonnen. Über dem Dorf sowohl als über meiner Eltern Haus erfüllte sich das Wort der Schrift: »Er ließ das Licht aus der Finsternis und das Leben aus dem Tode hervorgehen«. Unser Haus wurde eine Zeitlang ein Feuerherd geistlichen Lebens. Es bildete sich in demselben eine Versammlung oder Gemeinschaft von Gotteskindern. Diese hat sich – dem Herrn sei Dank! – bis in die heutigen Tage, wenn auch durch mancherlei Krisen und Wandlungen, erhalten und hat später auch verschiedene andere Häuser ergriffen. Wie groß der Umschwung war, kann vielleicht eine Begegnung etwas beleuchten, die ich einmal im Eisenbahnwagen mit einem Lehrer hatte, als ich schon mehrere Jahre als Evangelist in Württemberg hin und her reisen durfte. Dieser alte Lehrer fragte mich: »Sagen Sie mir nur eins: Wie ist diese große, wunderbare Wandlung in Ihrem Dorfe zustande gekommen? Ich wurde, als ich aus dem Seminar entlassen wurde, als Hilfslehrer in Ihrem Dorfe angestellt. Dort waren so traurige Zustände, dass sie sich kaum beschreiben lassen, und es war auch niemand im Dorfe, der Leid darüber getragen hätte, als ein alter Bauer mit Namen Kraft. Der jammerte ganz verzweifelt; er sagte auch zu mir: ›O, Herr Provisor, alles liederlich, alles liederlich, und Sie sind auch liederlich geworden, seit Sie hier sind‹. Und ich konnte es nicht leugnen, auch ich wurde von dem Geist, der das ganze Dorf beherrschte, fortgerissen.« – Und nun sollte ich ihm doch sagen, wie es gekommen sei, dass dieses Dorf nun ein solcher Feuerherd Gottes geworden sei, von dem man nun so viel Herrliches höre. Das durfte ich nun diesem alten Lehrer erzählen und will es zur Ehre Gottes auch hier in aller Kürze wiedergeben.

Das Werkzeug, durch welches das alles zustande kam, war der weitbekannte und weitberühmte Pfarrer Blumhardt, damals noch Pfarrer in Möttlingen. Obwohl unser Dorf Neuweiler fünf Stunden entfernt von Möttlingen liegt, übte alles, was durch diesen Mann in Möttlingen an wunderbaren Gottestaten an Kranken, Besessenen, Geistesgestörten aller Art und an Erweckung geistlich toter Sünder durch die machtvollen Predigten dieses Mannes geschah, bald auch seine Segenswirkung auf unser Dorf und auf viele andere Dörfer des Schwarzwaldes aus. Es kamen eine Zeitlang fast jeden Sonntag ganze Scharen auch aus meinem Geburtsorte nach Möttlingen, und fast alle, die dorthin pilgerten, wurden durch das, was sie dort sahen, und durch die geistesgewaltigen und geistesmächtigen Predigten, die sie dort hörten, so ergriffen und umgewandelt, dass sie als andere, als ganz veränderte, neue Menschen in ihre Dörfer und Häuser zurückkehrten Es war zuerst nur Neugierde, die auch meinen Vater bewog, in aller Stille, so geheim wie nur möglich, sich hinzuschleichen. Dazu wurde er bewogen durch eine wunderbare Heilung, die an einer Gastwirtin unseres Dorfes geschehen war, in deren Gastwirtschaft mein Vater hin und wieder verkehrte. Diese Gastwirtin, namens Pfeil, wurde durch Pfarrer Blumhardt von einem unheilbaren Gesichtskrebs völlig geheilt, und sie kam als ein ganz anderer Mensch mit einem neuen Leben und Sinn nach Hause. Ihr Mann, der ein Narr, d.h. Geisteskranker war, wurde infolge davon auch zu Pfarrer Blumhardt nach Möttlingen gebracht, und auch er kam von seiner Geisteskrankheit völlig geheilt zurück. Das war meinem Vater so wunderbar, dass er diesen Wundermann doch auch einmal sehen und hören wollte. Mein Vater war berüchtigt als ein rechter Witzbold und Spötter. Aber schon durch die erste Predigt, die er von Pfarrer Blumhardt hörte, wurde er so zerschmettert und zermalmt und in eine so gründliche Buße und Beugung geführt, dass er nun auch meiner Mutter und uns, seinen Kindern, mit großem Ernst und mit Inbrunst erklärte: »Wir alle sind auf dem Wege zur Hölle. Wir alle müssen Buße tun, alles muss anders werden, wenn wir nicht alle miteinander in die Hölle fahren, sondern in den Himmel kommen wollen.« Die Mutter meinte zuerst, der Vater sei ein Narr geworden, was sich auch weiterverbreitete. Aber bald wurden auch die Mutter und wir Kinder alle von dem Geist, den heißen Gebeten und dem neuen Leben des Vaters so ergriffen und fortgerissen, dass wir alle den Weg einschlugen, den unser Vater eingeschlagen hatte. Wir gingen, wenigstens wir älteren Geschwister, auch mit dem Vater nach Möttlingen, ebenso unsere liebe Mutter, und dadurch wurde unser Haus so umgewandelt, dass es eine Zeitlang eine Hütte Gottes wurde.

Was in Möttlingen im Großen geschah, das geschah eine Zeitlang im Kleinen in meiner Eltern Hause und auch in der vorher erwähnten Gemeinschaft, die sich im Hause meiner Eltern gebildet hatte. Mein Vater wurde ein mächtiger Glaubensmann, durch dessen Glauben und Gebete in jener Zeit Dinge an verschiedenen Kranken geschehen sind, die mitunter fast an Wunder grenzten. Man hatte sowohl im Elternhause als auch in der Gemeinschaft ein solch kindliches Glaubens- und Gebetsleben gewonnen, dass dem einfältigen Glaubensgebet nichts mehr unmöglich erschien, und man durfte damals etwas davon sehen und erfahren: »Ehe sie rufen, will ich antworten, und wenn sie noch reden, will ich hören«.

Es war eine herrliche Wunderzeit, in welcher ich meine erste Jugendzeit verbringen durfte, denn außer Pfarrer Blumhardt übte auch noch in etwas späterer Zeit die Jungfrau Trudel ähnlich wie Pfarrer Blumhardt bis zu ihrem Heimgang einen tiefgehenden Einfluss auf meine Heimat aus. Ich hörte von einem Gottesknecht unserer Tage, der von ihr bezeugt, dass von den Kindern und Knechten Gottes unserer Zeit noch niemand so tief in das apostolische Geistesleben eingedrungen sei wie sie. Sie hatte die Feindesliebe in hohem Grade und eine solche Glaubens- und Gebetskraft auch bei Kranken, Gebundenen, Geisteskranken und Besessenen aller Art, dass in der nicht sehr langen Zeit ihrer Wirksamkeit über 40 000 Kranke und Besessene zu ihr kamen und viele von ihnen Hilfe und Befreiung fanden. Es sei hier nur ein Fall aus meinem Geburtsort erwähnt, der mir besonders nahe ging, weil er einen meiner Schulkameraden betrifft. Dieser, namens Keller, war ein hochbegabter Mensch, aber bis zu seiner Militärzeit ein wilder, ausgelassener Weltmensch. Da bekam er den Krebs an den Lippen. In solchen Lagen eilten die Leute zu der Jungfrau Trudel, um Heilung zu finden, und so auch dieser Jüngling. Er hat mir später selbst erzählt, wie erstaunt man in unserem Dorfe darüber war und wie die Leute sagten: »Was will dieses leichtsinnige Lumpenmänndle bei der heiligen Trudel? Da muss man sich ja bekehren, aber das Lumpenmänndle bekehrt sich doch nicht.« Aber er war kaum einige Wochen dort, da schrieb er an seine Mutter einen Brief voll glühender Heilandsliebe, und nach einiger Zeit kam er als ein ganz neuer Mensch und auch von seinem Krebs geheilt in unser Dorf zurück. Bald nachher waren wir zusammen in einer Missionsschule, um uns zum Dienst als Reichsgottesarbeiter vorzubereiten. Er half später am Fuße des Karmels die schöne deutsche Kolonie Haifa gründen und war jahrelang als deutscher Konsul dort tätig. Wie ich dort mit ihm zusammenkam und wie ihn Gott benutzte, die Karmelmission mit begründen zu helfen, will ich in einem späteren Abschnitt erzählen.

## *2. Meine Großmutter*

Ich fürchte etwas zu versäumen, wenn ich nicht einiges nachhole, was meine Großmutter betrifft, von der wir Kinder und auch andere überzeugt waren, dass sie den ersten Grund zur Bekehrung meiner Eltern und der ganzen Familie gelegt hat.

Sie war in der Zeit, in welcher es im Orte so traurig aussah, bereits gründlich bekehrt worden, aber ohne Einwirkung bestimmter Menschen, nur durch schwere Schickungen und Ereignisse, durch welche Gott sie niedergeworfen und zu sich gezogen hatte. Vor ihrer Bekehrung war sie eine recht stolze Bäuerin gewesen. Zwei Hauptsünden hatten sie gebunden gehalten: Stolz und Zorn. Aber Gott hatte sie in eine raue Schule genommen, welche im Einzelnen zu schildern zu weit führen würde. Durchs diese göttlichen Schickungen wurde sie in eine solche Geistestiefe und in so verborgenes Leben und in einen so innigen Umgang mit Gott gebracht, in dem sie auch bis zum Ende ihres Lebens verblieb, dass niemand ihrer Verwandten und Kinder sie damals verstehen konnte; denn diese waren noch ganz versunken in das weltliche Treiben, welches das ganze Dorf beherrschte.

Die letzten Jahre ihres Lebens wurde es für ihre Umgebung auffallend, dass sie eine ganz unbegreifliche Freude und Heiterkeit bewies. Wenn man sie fragte, woher die komme, gab sie zur Antwort: »Ach, wenn ihr nur wüsstet, wie glücklich der Mensch ist, welcher glauben kann!« Sehr oft hörte man sie in den verschiedensten Winkeln des Hauses brünstig beten. Hinter ihrem Hause war ein Baum.

Um diesen Baum hatte sie ein dichtes Gebüsch gepflanzt. Dort betete sie auch viel bei Nacht. Mehrere Male hatte sie zu meiner Mutter gesagt: »So gewiss ein bestimmtes Zeichen, das mir Gott unter diesem Baum gegeben hat, eintreten wird, so gewiss wird das, was ich unter ihm erfleht und Gott abgerungen habe, seine Erhörung finden. Und es wird noch einmal ein Segen von meinen Kindern und Kindeskindern ausgehen.« Sie war vollkommen freudig und gewiss, dass ihre Kinder sich bekehren würden, die damals doch noch ganz in die Welt versunken waren.

Alles dieses hat sich genau erfüllt. Aber sehen durfte die Beterin noch nichts davon. Dennoch ist sie in der freudigen Gewissheit gestorben, dass ihre Kinder und Kindeskinder sich noch bekehren würden. Ihr letztes Wort war die Frage an die Umstehenden: »Seht ihr diese Krone da?« Und weil niemand die Krone sah, fuhr sie fort: »Ihr werdet sie nicht sehen, aber ich kann sie gleich voll langen.«

Merkwürdig war uns Kindern, was unsere Mutter oft von dem Sterben der Großmutter erzählte. Sie wurde an der Kirchweih begraben. In Württemberg werden für eine solche Kirchweih eine Woche lang Vorbereitungen zum Essen und Schmausen getroffen. Für jene Kirchweih jedoch ließ die damals noch völlig gesunde Großmutter gar nichts dergleichen vorbereiten. Stattdessen ordnete sie an, dass für ihre Kinder auf diese Kirchweih schwarze Kleider angefertigt würden. Über beides waren die Kinder fast außer sich und befragten sie darüber. Darauf gab sie kurz und bestimmt die Erklärung ab, sie feiere diesmal Kirchweih an einem anderen Orte; denn an der Kirchweih werde man sie begraben, da brauchten ihre Kinder schwarze Kleider. Und wenn sie gestorben sei, würde das Haus verbrennen. Sie habe gesehen, dass man mit weißen Feuereimern laufe, und ein schneeweißer Feuereimer sei vor ihr zu Boden gefallen.

Beides hat sich haarscharf erfüllt. An der Kirchweih hat man sie begraben. Und das große Haus, welches zwei Familien in sich fasste, ist noch im gleichen Jahre abgebrannt. Wir Kinder aber mussten die Ratschlüsse Gottes bewundern. Denn dieser Brand wurde der Anfang für die Erhörung der Gebete der Heimgegangenen. Durchs diesen Brand trennte Gott die beiden Familien, welche in dem Hause gewohnt hatten. Und das war notwendig; denn die andere Familie hätte dem Werke im Wege gestanden, welches Gott mit den Nachkommen der Großmutter in dem neuen Hause vorhatte.

So musste nun jede der beiden Familien ein neues Haus bauen. Und in dem neuen Hause, das dann auf meine Mutter überging, entstand der Feuerherd, von welchem aus Gott meine Eltern und uns acht Kinder, sowie viele Leute im Dorfe bekehrte.

## *3. Mein Vater*

Das Werkzeug, durch welches mein ganzes Haus zu Gott gezogen wurde, war mein Vater. Aber die Art und Weise, wie mein Vater nach Neuweiler geführt und bekehrt wurde, ist uns Kindern immer sehr wunderbar erschienen.

Die Mutter erzählte, dass sich die Wirkung der Gebete ihrer Mutter erst, als sie heiraten und das Gut übernehmen sollte, sichtbar und spürbar gemacht habe, und zwar zunächst in der Weise, dass jedes Mal eine unbegreifliche Angst über sie kam, so oft ein Freier erschien. Sie konnte sich nicht erklären, woher diese Angst kam. Aber eben infolge dieser Angst habe sie, nachdem sie wieder einen Freier abgewiesen hatte, in der folgenden Nacht zum ersten Male auf den Knien gelegen und beten müssen, Gott möge sie doch bewahren, dass sie nicht die Frau eines Mannes würde, mit dem sie zur Hölle führe; Gott möge ihr einen Mann schicken, mit dem sie in den Himmel komme.

Gott hat das Gebet erhört; aber auf einem Wege, wo sich erfüllt hat, was Oetinger einmal sagt: »Gott führt oft auf Wegen, die uns Menschen lächerlich erscheinen, seine wunderbarsten Absichten durch.«

Es war zu der Zeit, als dieser Freier abgewiesen wurde, gerade unser Haus an der Reihe, dem Gemeindehirten die täglichen Mahlzeiten zu geben. Dieser lachte, als er hörte, dass auch dieser Freier wieder abgewiesen sei, und sagte zu meiner Mutter im Scherz: »Ich weiß schon, was Ihr für einen wollt; es soll ein schöner Mensch sein, ein recht schneidiger, der auch Soldat gewesen ist, es soll aber auch ein rechter Feger und ein Geldstengel[1] sein. So einen hättet Ihr gern.« Meine Mutter gab lachend zurück: »Da habt Ihr ganz recht, wenn er nicht so ist, darf er nicht herkommen.« »So einen weiß ich«, sagte der Hirt, »wenn wir den herbringen könnten, das ist einer, ein schöner Mensch und schneidig, auch Soldat gewesen, o, das ist ein Feger, und ein Geldstengel ist er auch.« Die Mutter ging auf den Scherz ein. »Ja, ja«, sagte sie, »da seht nur zu, dass Ihr den herschafft, das wäre der Rechte.« Auf diese halb scherzhafte Unterredung hin ging der Hirt aber einmal nach Tiefbrunn, dem Dorfe meines Vaters, und wusste meinen Vater zu beschwatzen, einmal bei den Eltern meiner Mutter mit vorzusprechen So wurde der Hirt, ohne es zu ahnen, von Gott als Werkzeug benutzt, diese Ehe, die so segensreich für uns Kinder und die Umgebung werden sollte, zustande zu bringen.

Mein Vater war eine äußerst begabte, originelle, kraftvolle Natur, aber in seiner Jugendzeit voll toller Witze

---

1 Feger bedeutet im Schwäbischen einen im guten Sinne durchtriebenen, gewitzten Menschen, Geldstengel einen, der Geld in Stangen, d.h. in Rollen, hat.

und Jugendstreiche. Aus derselben hörte ich in seinem Geburtsdorfe immer nur von tollen Streichen und Ausgelassenheiten erzählen. Im Hause meiner Mutter fühlte er sich bis zu seiner späteren Bekehrung sehr unglücklich. Die Verhältnisse waren ihm doch zu armselig, so hatte er sie sich nicht vorgestellt. Nach seiner Bekehrung aber erwies er sich gerade als das Werkzeug, durch welches die Gebete der Großmutter erhört wurden. Seine natürlichen Geistesgaben wurden nun geheiligt, sodass die ganze Familie, Mutter und Kinder, und ein schöner Teil des Dorfes durch ihn für den Herrn gewonnen wurde. Durch ihn wurden wir auch aus den dürftigen wirtschaftlichen Verhältnissen herausgezogen. Durch seinen kindlich starken Glauben wurden wir auch in einer großen Teuerung vor dem Bankerott bewahrt, was ich an anderer Stelle noch ausführlicher erzählen will.

Ein Beispiel seines kindlichen Glaubens möchte noch besonders erzählt werden. Es war in der Heuernte. Meine Mutter wollte nicht nach Hause gehen und das Abendbrot bereiten, obwohl es schon sehr spät am Abend geworden war. Mein Vater fragte: »Warum gehst du nicht nach Hause?« Da fing sie an zu weinen und sagte: »Lieber Mann, es ist gar nichts mehr im Hause: kein Brot, kein Mehl, kein Schmalz und kein Salz; ich kann nicht Abendbrot machen.« Da hat mein Vater sie in aller Liebe über ihren Unglauben ausgescholten. Er sagte: »Du machst mir solche Angst, dass es mit uns noch geht wie mit den Kindern Israel in der Wüste, welche Gott doch keinmal stecken ließ, sondern Wunder über Wunder an ihnen vollbrachte, und welche dennoch bei jeder neuen Glaubensprobe durchfielen.« Mein Vater zählte nun der Mutter eine ganze Reihe wunderbarer Durchhilfen auf, die Gott in den letzten Jahren an uns bewiesen hatte, und sagte: »Gott hat nach solchen Wundern wohl das Recht, uns auch einmal vor eine solche Glaubensprobe zu stellen. Und es ist nur eine Glaubensprobe. Wollen wir es auch machen wie die Kinder Israel und verzweifeln? Jetzt geh nur heim und beuge dich über dein Weinen und mache etwas gut, indem du jetzt felsenfest glaubst, dass, wenn du heimkommst, etwas im Hause sein wird!« Da wurde das Angesicht der Mutter heiter. Sie fing an freudig zu lachen und erwiderte: »Ja, ja, du hast recht; ich glaube.« Und ging fröhlich und getrost nach Hause. Als sie heimkam, lagen ungefähr 95 Mark nach dem jetzigen Geldwert auf dem Tisch und ein Zettel dabei: »Von einem Ungenannten, der den unwiderstehlichen Antrieb hatte, das Geld herzutragen.« Dazu die Bibelsprüche: »Gott hat noch nicht lassen den Samen der Gerechten nach Brot gehen« (Ps. 37, 25) und: »Ihr sollt Brots die Fülle haben« (3. Mose 26, 5).

### *4. Wunderbare Erfahrungen im Elternhaus*

Es konnte nicht anders sein, als dass eine solche Fülle der mannigfachsten Offenbarungen Gottes, der Gebetserhörungen und Gebetssiege der Einzelnen und der Gemeinschaft einen unauslöschlichen Eindruck auf mein jugendliches Gemüt machte. Auch die Predigtweise des Pfarrers Blumhardt ist mir unvergesslich geblieben. Namentlich wenn es wie ein Alarmruf von seiner Kanzel erscholl, indem er alles aufforderte zum Gebet und Flehen, dass wir wieder apostolische Zeiten bekämen und apostolisches Leben und apostolische Geisteskräfte und Taten, und wenn man andererseits sehen durfte, dass Gott darauf antwortete. Wenn z. B. Pfarrer Zündel in der Beschreibung des Lebens und Wirkens von Pfarrer Blumhardt erzählt, man habe sich eine Zeitlang in eine fast apostolische Wunderzeit versetzt gesehen, so können wir, die wir Augenzeugen von dem allen waren, das nur bestätigen. Das ist mir heute noch aus jener

Zeit so wunderbar, dass einem Christus so groß, so herrlich, so gewaltig erschien, dass man es fast für kein Wunder mehr ansah, wenn so Gewaltiges geschah. Denn man konnte von diesem großen Jesus nichts anderes erwarten.

Es brach sich der kindliche Glaube in den Gemütern Bahn, dass man auf einfältig gläubiges Gebet beim Heiland alles haben könne. Durch diesen Geist wurden andererseits auch die Gewissen so aufgeweckt und geschärft, dass einem die Sünde wirklich zur Sünde wurde. Aber wenn einem Menschen die Sünde in ihrer ganzen Abscheulichkeit vorgehalten wurde, so trat demselben gleichzeitig der große Heiland vor die Seele, der alle Sünde vergibt und wirklich von der Sünde befreit. Man konnte fast nach allen Seiten hin wieder den Sieg Jesu sehen und sich an seinen Siegen weiden.

Unter solchen wunderbaren Durchhilfen und Gebetserhörungen, die in meiner Eltern Haus geschehen sind, möchte ich doch eine einzelne hervorheben. Obwohl ich einige Bedenken zu überwinden habe, gerade diese zu veröffentlichen, möchte ich es doch tun, und zwar deshalb, weil es einen überwältigenden Eindruck auf mich und alle meine Geschwister gemacht und dazu beigetragen hat, dass ich mich schon damals ganz für Gott entscheiden wollte. Es ist dies die schon oben angedeutete wunderbare Bewahrung vor einem drohenden Bankerott.

Ungefähr in meinem 15. Jahre starb meine Mutter. Wie es in solchen Fällen geht, wurde Inventur aufgenommen. Dabei wollte man auf eine fleischliche Art meinem Vater Hilfe schaffen von seinen Schulden, indem man fast alles unter dem wirklichen Werte abschätzte, sodass eine Überschuldung herauskommen sollte. Die Schulden sollten durch einen Bankerott erleichtert werden. Als mein Vater das, beinahe zu spät, bemerkte, lehnte er diese Art von Hilfe mit aller Entschiedenheit ab und nahm seine alte Zuflucht zum Gebet des Glaubens und rang mit Gott und sprach: »O Gott, ich vertraue dir, du kannst verhüten, dass es zum Bankerott kommt!« Gott hat ihn auch in diesem Stück Erhörung finden lassen. Der Gläubiger nahm das Gut an sich, ließ aber uns in der freundlichsten Weise darauf bleiben. Es war ein Hofbeamter in Stuttgart. Nun begab es sich aber, dass dessen Frau starb und dass er infolgedessen sich veranlasst sah, alle seine Güter und Gelder in die Verwaltung eines Staatsbeamten zu geben, dessen Bruder ein württembergischer Staatsminister war. Wir hatten zu einer gewissen Zeit eine bange Ahnung, die wir uns nicht erklären konnten. Und mein Vater sah sich zu dem Gebet getrieben, Gott möchte doch eine etwa vorhandene Gefahr gnädig abwenden. So ging diese bange Ahnung bei uns allen wieder vorüber.

Als nun der Termin erschien, dass mein Vater die Zinsen bezahlen musste, reiste et selbst zu diesem Gutsverwalter, um den Mann persönlich kennen zu lernen, in dessen Hand wir uns nun befanden. Wenn es ihm unterwegs etwas bange zumute gewesen war, diesen Herrn kennen zu lernen, so verging diese Bangigkeit sofort bei der ersten Begegnung mit ihm und seiner Gemahlin. Denn beide nahmen meinen Vater auf und behandelten ihn wie einen Engel Gottes, sodass er es gar nicht begreifen konnte. Er musste sogar bei ihnen übernachten. Sie fragten nach allem, auch nach den kleinsten Dingen, die in seinem Hause getrieben wurden, und erfuhren dabei auch, dass im Hause eine Versammlung gehalten wurde.

Als mein Vater am anderen Tage wieder abreisen wollte und voll Dank und Anbetung war, dass er wieder in eine so freundliche, liebe Hand gekommen war, sagten ihm die beiden zugleich: »Lieber Herr Seitz, wir haben Ihnen jetzt noch etwas sehr Wichtiges mitzuteilen. Gott hat für Sie so Wunderbares getan, dass wir fast nicht wagen, Ihnen alles zu sagen aus Furcht, Sie könnten etwas hochmütig werden. Ihr Hof war so gut wie verkauft, und Sie wären mit Ihren Kindern von Ihrem Haus und Hof vertrieben worden. Aber Gott hat für Sie gestritten und durch Eingreifen der Engel dieses Äußerste verhütet. Es waren drei Bauern aus Ihrem Dorfe bei uns, die den Hof kaufen wollten. Diese Männer gaben Ihnen ein schlechtes Zeugnis. Sie sagten, Sie wären deshalb verarmt, weil Sie dem Bettelvolk immer so viel Brot geschnitten und immerfort Bettelvolk beherbergt hätten. Der Kaufbrief war bereits fertig. Aber wenn ich unterschreiben sollte, kam Furcht und Zittern über mich, sodass es mir unmöglich wurde, meinen Namen darunter zu setzen. Ich wusste mir nicht anders zu helfen, als den drei Männern zu sagen, sie sollten in Stuttgart übernachten und am nächsten Tage wiederkommen. Danach ging ich heim und erzählte meiner Frau von meiner großen Angst. Bevor wir uns niederlegten, beteten wir zusammen, Gotts möge doch die Angst hinwegnehmen und deutlich machen, was er von uns wolle. Als ich mich in mein Schlafzimmer zu Bett begeben hatte, trat ein Engel vor mein Bett und gab über Sie ein ganz anderes Zeugnis als die drei Bauern und gab mir den deutlichen Wink, dass ich die Aufgabe hätte, Sie zu retten. Ich stand auf, dieses meiner Frau zu sagen. Meine Frau aber hatte gleichzeitig in ihrem Schlafzimmer dieselbe Erscheinung gehabt und dieselbe Weisung empfangen. Das war uns beiden so wunderbar, dass wir noch in derselben Nacht uns entschlossen, Sie zu retten. Denn wir sagten uns: Diese Leute, für welche Gott einen Engel schickt, sie zu retten, müssen Gottes Kinder sein. Noch in dieser Nacht verbanden wir uns, das Gut für Sie zu kaufen und Ihnen mitzuteilen, dass dies geschehen sei. Wir haben das Gut für Sie erworben und noch 800 Mark billiger, als jene Männer es erhalten hätten.« – So war das Gut wieder unser Eigentum geworden.

Wir Kinder waren gerade mit dem Einfahren von Hafergarben beschäftigt, als unser Vater von seiner Reise zurückkehrte. Da setzte er sich auf eine Hafergarbe und rief: »Kinder, kommt her, ich muss euch etwas erzählen!« Als er alles berichtet hatte, verstanden wir auch, was jene bangen Ahnungen zu bedeuten gehabt hatten. Unser Vater aber sagte: »Seht, Kinder, was Gott wieder an euch getan hat! Ihr wäret ohne Heim und Obdach, wenn er sich nicht so über euch erbarmt hätte.« Das machte auf mich einen so tiefen Eindruck, dass, als wir mit dem Aufladen der Garben fertig waren, ich in ein nahes Wäldchen eilte, mich auf das Angesicht zur Erde legte, meinen Dank ausweinte und sagte: »Lieber Gott, wenn du dich der Deinen so annimmst, da will ich mein ganzes Leben dir angehören und dir danken und dir leben!«

### *5. Kämpfe mit den Widerständen des bösen Herzens*

Wie ist es nur möglich, dass nach so mannigfachen Erfahrungen der Güte und der Wunder Gottes noch von Widerständen des bösen Herzens die Rede sein kann? So mag vielleicht der eine oder andere, welcher dieses liest, fragen. Jawohl, die großen und vielen Offenbarungen, Gnaden- und Machterweisungen Gottes wurden für mein jugendliches Gemüt immer überwältigender, so dass ich bis aufs Innerste hingerissen und entschlossen war, mit allem, was ich hatte, mich diesem Gott hinzugeben. Aber gerade bei all diesen überwältigenden Gnadenoffenbarungen musste ich auch eine Kehrseite meines Inneren kennenlernen. Ich musste recht erfahren, dass ich ein Herz hatte, das trotz aller Wunder der Güte Gottes immerdar den Irrweg wollte. Mein Inneres war noch einige Jahre lang ein Kampfplatz, auf welchem Gott und die Welt in heftigen Kämpfen lagen. Es war nicht mehr die äußere, grobe Welt, die mich versuchen konnte; weltliche Vergnügungen aller Art hatten nach so vielen Erfahrungen der Herrlichkeit Gottes ihre Macht, zu versuchen, zu reizen und zu locken, verloren; dafür war es die innere Welt, die mich jetzt verstricken und irreführen wollte. Ich musste schon in dieser meiner Jugendzeit erfahren, wie wahr es ist, was Stilling einmal schreibt, dass der Schwarmgeist niemals die Unbekehrten oder die Weltmenschen versuche. Er trete aber fast an alle einmal heran, sobald sie Ernst damit machen, sich ganz auf Gottes Seite zu stellen und sich Gott ganz auszuliefern. Es würde zu weit führen, das näher und eingehender hier zu beschreiben, in welcher Weise mich die innere Welt, die schwarmgeistige Welt, die Finsterniswelt in Lichtsgestalt verführen und verderben wollte. Wie gefährlich nicht nur grobe Schwärmerei, sondern auch feineres schwärmerisches Wesen ist, und wie strafbar das in den Augen Gottes sein muss, habe ich dadurch erfahren müssen, dass Gott die schärfsten Züchtigungen, ja ernste Gnadengerichte gebraucht hat, mich davon zu befreien. Es ist hier nicht der Ort, die verschiedenen Zucht- und Strafmittel zu erwähnen, durch welche Gott die innere Welt, wenn sie sich in ein Lichtskleid verhüllte, in mir auszubrennen wusste, ja unerbittlich ausbrannte. Weils es aber die Wirkung auf mich hatte, dass ich für die ganze Zeit meines Lebens Furcht und Abscheu vor allem Schwarmgeistigen bekam, so möchte ich doch zwei Vorgänge aus dieser Zeit erwähnen, die Gott besonders gebraucht hat, alles Unnüchterne auszubrennen. Ich glaube aber hier nicht übergehen zu dürfen, dass das Schwarmgeistige, das mich in dieser Zeit von Gott wegzurücken suchte, nicht nur eine innere, geistige, sondern auch eine äußere Seite hatte. Ich hatte ein leidenschaftliches Verlangen danach, einseitig nur die Abschnitte der Weltgeschichte zu lesen, die von den großen und kleineren Kriegen von Anfang an bis auf unsere Zeit handelten. Ich wurde wie besessen darauf und träumte nur von Kriegen, Schlachten, Zweikämpfen, Belagerungen und ähnlichen Dingen, wie wenn ein Kriegsteufel mich besessen hätte. Ich war so gebunden, dass mich diese Sache wie ein böser Geist in meinem Umgang mit Gott, in meinem Gebetsleben, lahmlegte, ich konnte auch eine Zeitlang nicht mehr zum heiligen Abendmahl gehen. Ich fühlte, dass ich mit diesem Geist nicht zum Tisch des Herrn gehen konnte, sondern von diesem Kriegsschwarmgeist mich loslösen musste, aber teils konnte ich das nicht, teils wollte ich es nicht; ich war ganz an diesen Geist gebunden. Als unser Pfarrer einmal ankündigte, dass am nächsten Sonntag das heilige Abendmahl stattfinden werde, da erschrak ich. Denn ich glaubte, wenn ich wieder nicht zum Tisch des Herrn gehen würde, dann würde ich ein ganzer Heide. Ich ging denn auch zur Beichte, aber ich hatte die ganze Woche vor der Abendmahlsfeier seinen großen inneren Kampf; denn ich hatte wohl so viel Erkenntnis, dass man sich das Gericht essen und trinken kann, wenn man mit einer Gebundenheit zum Tisch des Herrn geht, aber es gelang mir nicht, bevor ich das heilige Mahl genoss, mich von dieser Gebundenheit zu befreien, obwohl ich betete, flehte und rang, davon frei zu werden. Trotz alles Betens und Flehens wurde ich nichts von dieser Gebundenheit frei und bekam weder vor dem Abendmahl noch nachher Vergebung, Friede und Freude. Die Folge davon war für mich, dass ich mich während der Abendmahlsfeier und nachher fühlte wie in der Hölle, wie auf dem Richtplatz. Anstatt Vergebung und Frieden kam noch an diesem Abend etwas über mich, dass ich glaubte, das Gerischt Gottes sei über mich hereingebrochen. Es war, wie wenn Gott der Hölle und den höllischen Geistern mich übergeben hätte. Ich Iegte mich vor dem Angesicht Gottes nieder und schrie um Gnade und Vergebung, dass sich ein Stein hätte erbarmen mögen. Es war eine Zeitlang, wie wenn Gott nicht hören, keine Gnade erzeigen und mich nicht retten wollte. Aber endlich hörte Gott und wandte sein Gnadenangesicht so zu mir, dass ich völlige Vergebung und Rettung erfahren durfte. Diese finsteren, mich aufs tiefste ängstigenden Mächte waren gänzlich gewichen, und ich fühlte die Gnade und die Nähe Gottes in der Weise wieder, dass ich einen Teil der Nacht anbeten, loben und preisen musste; es war ein Neues geworden. Ich war durch diese Art Zuchtrute, die Gott bei mir gebrauchte, von dieser Schwärmerei frei geworden, der Strick war zerrissen, und ich hatte wieder die Gemeinschaft mit meinem Gott und war namenlos glücklich, die Nähe meines Gottes und Heilandes zu genießen.

## *6. Die Entscheidung*

Trotzdem mich Gott nun vom Schwarmgeist geheilt hatte, nahmen doch auch jetzt seine Züchtigungen und Gnadengerichte noch kein Ende. Gott wollte ein gründliches Werk an mir tun, er wollte mit Gnade und Gericht alles ausfegen, was ihn noch hinderte; er wollte mich ganz, wirklich und für immer in seine Hand bekommen. Denn es kam jetzt noch ein schweres Leiden über mich. Mein linker Arm und die linke Hand waren längere Zeit so sehr angeschwollen, dass ich große Schmerzen hatte; da kam der Knochenfraß dazu. Die Hand eiterte, und Eiter floss aus mehreren Öffnungen. Dann eiterten sogar ganze Knochensplitter aus der Hand heraus. Die Ärzte waren der Meinung, die Hand sei nicht mehr zu retten, der Arm müsse abgenommen werden, dann werde wenigstens mein Leben erhalten. Das sagte auch unser Oberamtsarzt, und er soll gescholten haben, dass man mir den Arm noch nicht abgenommen habe. In welcher Angst und Trübsal ich schwebte, darüber will schweigen. Aber ich wusste ganz genau, warum mich

Gott in diese Angst und Trübsal hatte kommen lassen; ich erkannte, dass mich Gott vor das Entweder-Oder gestellt hatte, dass ich mich entweder ganz, vom Scheitel bis zur Fußsohle, mit jeder Faser, mit jedem Blutstropfen dem Herrn ausliefern oder untergehen müsse. Es war im Frühjahr, wo mein Vater und meine Geschwister fast immer auf dem Felde arbeiteten. Wenn ich dann so allein zu Hause war, da weinte und schrie ich in meiner Angst zu Gott um Erbarmen. Ich schrie: Lieber Gott, wenn du mich vor dem Schicksal bewahrst, mein Leben lang als ein Krüppel in der Welt herumlaufen zu müssen, so soll mein Leben mit allem, was ich bin und habe, nur dir gehören, nur für dich da sein. Ich will mit allem, was nur Sünde und unheilig ist, gänzlich brechen. Du sollst mit mir machen, was du willst. Ich will ein willenloses Werkzeug für dich sein, das du drehen, wenden und gebrauchen kannst, wie du nur willst.

Über dies angstvolle Geschrei meiner Seele erbarmte sich Gott und erhörte mich. Ich hatte einen Traum, den ich nicht erzählen würde, wenn er sich nicht haarscharf erfüllt hätte. Ich stand im Walde mit geheilter Hand und konnte wieder wie früher unsere stolzen Schwarzwaldtannen fällen und war so namenlos vergnügt und dankbar. Als ich erwachte, war es eben nur ein Traum, aber ich hatte das Gefühl, er werde sich erfüllen; so gestärkt fühlte ich mich innerlich. Gleich am Vormittag nach der Nacht, in der ich diesen Traum hatte, kam ein Kolporteur ins Haus, der an meiner ganzen Lage herzlichen Anteil nahm. Er erzählte, wie er vor seiner Militärzeit sehr gottlos gewesen sei und eben alles, was Sünde heiße, getan habe und recht liederlich gewesen sei. Als er Soldat wurde, kam er ins Arsenal, weil er Schmied war. Dort musste er einmal ein Stück Eisen abhauen, und der kleinere Teil traf ihn ins Auge und raubte Ihm das Augenlicht. Aber bald entzündete sich auch das andere Auge, und trotz aller ärztlichen Hilfe verlor er auch dieses. Er sagte mir, als er auf einmal ganz blind war, da »sei ihm der Glaube in die Hand gefallen«. Jetzt konnte er wieder glauben, dass es einen gerechten Gott gibt, der die Sünde straft, und er musste erkennen und bekennen, dass es ein gerechtes Gericht Gottes sei, das über ihn gekommen sei. Aber er konnte auch glauben, dass ihm Gott alle seine Sünden vergeben und ihm auch das Licht seines Auges wieder schenken könne. Da habe er sich in Sack und Asche über alle seine Sünden aus seiner ganzen Vergangenheit vor Gott gebeugt. Er habe so geschrien und mit Gott gerungen, er müsse ihm seine Sünden vergeben und auch seine Augen wieder heilen. Er habe Gott Tag und Nacht keine Ruhe gelassen und heilig und teuer gelobt, dass er sein ganzes Leben lang ihm leben wolle, wenn er ihm sein Augenlicht wiedergeben wolle; er wolle es nicht umsonst, sondern dafür ihm, nur ihm angehören, dienen und leben. Da träumte ihm, er stünde auf dem Hasenberg bei Stuttgart und habe eine Büchertasche an der Seite, in der Bibeln und andere Bücher seien. Zu seinen Füßen sah er Stuttgart liegen. Nach einem halben Jahre war sein Traum Wirklichkeit geworden. Sein Augenlicht war ihm wiedergeschenkt worden, und er stand mit der Büchertasche auf dem Hasenberg bei Stuttgart. Er hat sein Gelübde treu erfüllt und in Württemberg vieles für den Herrn gearbeitet. Dieser Kolporteur sagte zu mir: »Junger Mann, glaube nicht, dass die Ärzte deinen Arm abnehmen müssen! Mach es, wie ich es gemacht habe. Übergib dich deinem Gott mit Leib, Seele und Geist, mit allem, was du bist, dann wird er deinen Arm auch heilen, wie er meine Augen geheilt hat.« Ich sagte ihm, das habe ich getan, und gerade heute Nacht hätte ich einen Traum gehabt, dass ich wieder mit gesundem Arm in unseren Waldungen stand und die stolzen Tannen umgehauen hätte. – Es mochte ein halbes Jahr oder etwas mehr vorüber gegangen sein, da hatte sich mein Traum auch erfüllt. Mein Arm war gesund. Die Knochen, von denen Splitter herausgeeitert waren, waren völlig geheilt. Der Arm kam wieder zu der früheren Kraft, sodass ich wieder die schwersten Arbeiten vollbringen konnte.

Von jetzt an verlebte ich eine frohe, glückliche Zeit. Ich durfte schon damals erfahren, welches Glück und welche Seligkeit es zur Folge hat, wenn aller Widerstand gebrochen ist und Herz und Wille mit Gott eins geworden sind. Auch in der äußeren Arbeit hatte ich viel Segen. Meinem Vater, der immer noch ziemlich Schulden auf unserem Grundstück hatte, konnte ich tüchtig unter die Arme greifen, indem ich neben der Arbeit auf unserem kleinen Bauernhof für die damaligen Verhältnisse recht viel verdienen konnte und damit meinem Vater große Erleichterung und Freude bereitete. Infolgedessen standen wir damals wirtschaftlich recht gut, sodass er mir eines Tages sagte, er wolle mir das ganze Anwesen übertragen. Ich gab ihm zur Antwort: »Vater, denke nicht, dass ich darum so gearbeitet habe, weil ich diesen Reppel[2] einmal haben wollte. Ich bin innerlich so los davon, weil ich ganz gewiss weiß, Gott nimmt mich beim Wort und wird mich einmal zu irgend einer Sache gebrauchen, wenn ich auch noch nicht weiß, wo.« Ich hatte deshalb so gearbeitet, weil ich meinen Vater so sehr lieb hatte. Er hatte für die Familie und die Gemeinde Großes geleistet, und deshalb wollte ich auch etwas aus Dankbarkeit und Liebe zu meinem Vater tun.

## *7. Die Berufung zum Dienst*

Zwischen meinem 21. und 22. Lebensjahre kam ich einmal in das eine halbe Stunde entfernte Nachbardorf Zwerenberg. Dort war eine größere Gemeinschaft, bei der viele

2 Schwäbischer Ausdruck zur Bezeichnung von etwas Geringem.

Schwarzwäldler zusammenkamen. Bruder Martin Blaich, dessen Geburtsort Zwerenberg war, kam von Zeit zu Zeit dorthin, wobei es immer eine große Versammlung gab, an der fast die ganze Gemeinschaft meines Heimatdorfes Neuweiler teilnahm; auch ich kam in diese Versammlung mit meinen Kameraden. Als der Raum gedrängt voll war und die Versammlung beginnen sollte, erhob sich Bruder Blaich. Er sah über die ganze Versammlung bis in die hintere Ecke, in der ich saß, und fragte: »Johannes, was schaffst du?« Ich sah mich um, an wen die Frage gerichtet sei, denn ich dachte nicht daran, dass sie mir gelten könne. Da sagte Blaich: »Dich, Johannes Seitz, dich meine ich. Was schaffst du?« – Ungesäumt gab ich ihm zur Antwort: »Stoppeln sammeln zum Ziegelbrennen!« – Die ganze Versammlung brach in ein schallendes Gelächter aus. Sie hatte daraus, scheint's, entnommen, wie gering ich mein Geldverdienen einschätzte. Da sagte Blaich pathetisch: »Als die Kinder Israel die Stoppeln sammeln mussten zum Ziegelbrennen, da hatte Mose schon den Befehl in der Tasche: ›Lass mein Volk, dass es mir diene‹. Und so habe ich auch den Befehl vom König aller Könige, du sollst jetzt dein Stoppelnsammeln aufgeben. Es steht der große letzte Kampf bevor, und dafür ist eine Offiziersschule gebildet worden; in diese Offiziersschule sollst du aufgenommen werden.«

Nach der Versammlung holte Blaich mich auf sein Zimmer und erklärte mir alles Weitere. Die Vorsteher der Tempelgesellschaft, welcher damals unsere Gemeinschaft und diejenige in Zwerenberg angehörten, hatten schon etwa vier Jahre vorher einige Missionsschüler ausgebildet. Diese Missionsschule sollte erheblich erweitert werden. So sollten für die einen vierwöchige Kurse eingerichtet werden. Ein weiterer Teil sollte drei Monate lang ausgebildet werden, um als Gemeinschaftsleiter dienen zu können. Sodann sollten auch Reiseprediger oder Evangelisten ausgebildet werden, die vier Jahre lang in dieser Missionsschule bleiben sollten. Für das Letztere, eröffnete mir Blaich, sei ich bestimmt. Das Missionskomitee habe den Gesichtspunkt, es sollten nur solche junge Männer aufgenommen werden, die schon vor Eintritt in die Missionsschule auch durch äußere Tüchtigkeit sich hervorgetan hätten und darum eine gewisse Garantie böten, dass sie die Missionsschule und die Mission nicht für eine Versorgungsgelegenheit ansehen wollten, sondern das Zeug hätten, sich ihre Stellung als Missionare auch äußerlich selbst zu schaffen.

Eine ganze Anzahl Gemeinschaften unserer Gegend gehörte damals dieser »Tempelgesellschaft« oder, wie sie sich auch nannte, den »Jerusalemsfreunden« an. Meine Eltern und die ganze Gemeinschaft von Neuweiler waren durch unseren damaligen Pfarrer, der ein gläubiger, geistvoller Mann war, zur Tempelgesellschaft herübergezogen worden. Er war ein Studienfreund von Hoffmann, dem Leiter der Gesellschaft; und er wusste uns Hoffmann und die Tempelgesellschaft groß darzustellen und uns auch davon zu überzeugen, dass Hoffmann und seine Freunde Hardegg und Paulus das Werk des Pfarrers Blumhardt fortsetzen würden; das nahm uns dermaßen ein, dass unsere ganze Gemeinschaft, auch mein Elternhaus, zu dieser Gesellschaft übertraten. In späteren Jahren, als ich selbständig denken konnte und im Dienst dieser Mission manche Erfahrung machen musste, haben wir, Bruder Blaich und ich, uns von ihr getrennt.

In jene Missionsschule, die unter der Leitung von Hoffmann, Hardegg und Paulus stand, wurde ich also durch Bruder Blaich aufgefordert, einzutreten. Mit Händen und Füßen sträubte ich mich dagegen, gerade in diese Missionsschule einzutreten. Es bedurfte der ganzen Überredungskunst Blaichs und anderer Brüder, bis ich mich unter schweren inneren Kämpfen entschließen konnte, als Zögling einzutreten. Ich war der Meinung, dass aus einigen von denen, die schon vorher als Zöglinge in der Missionsschule gewesen waren, nichts Rechtes geworden war, obwohl diese nach meiner Meinung viel begabter waren als ich. Der Gedanke, dass auch ich einst nicht mehr leisten werde, trotzdem ich der Missionsschule das Geld und die Arbeit gekostet hätte, war mir so fürchterlich, dass ich mir sagte: unter keinen Umständen werde ich mich diesem Schicksal aussetzen. Ich stellte mir vor, wenn ich auf der Missionsschule vier Jahre lang gewesen sei und der Mission das Geld und den Leitern die Arbeit gekostet hätte, dann habe die Gesellschaft das Recht, von mir zu fordern, dass ich auch etwas leiste. Wenn ich aber nicht mehr leisten könne, als ich es bei diesen anderen gesehen habe, dann sei ich der unglücklichste Mensch. Ich wollte mich dem Missionsdienst durchaus nicht entziehen, schon deshalb nicht, weil es mein ganzer Ernst war, meinem Gelübde treu zu bleiben. Aber ich dachte, ich wolle mich selbst ausbilden, und habe zu dem Zweck in jener Zeit neben meiner körperlichen Arbeit bis tief in die Nacht hinein gelesen. In meiner Heimat gab es einige Männer, die mir fast wie Patriarchen vorkamen und vieles leisteten. Das waren sie nicht durch eine Missionsschule geworden, sondern durch sich selbst. Dies war in jener Zeit mein Ideal, und ich dachte, wenn ich später viel oder wenig leiste, so kann dann wenigstens kein Mensch von mir etwas fordern.

Nachdem ich schon meinen Lebenslauf eingeschickt hatte und aufgenommen war, wollte ich noch nach Amerika, um der Missionsschule zu entrinnen. Aber Gott gebrauchte meinen jüngeren Bruder, und dieser veranlasste mich, von meinem Vorhaben abzustehen und in die Missionsschule zu gehen. Er sagte mir unter anderem: »Ich beobachte dich schon seit acht Tagen. Ich kann dir sagen, es ist der Teufel, der alles aufbietet, um dich nicht in die Missionsschule zu lassen, und er weiß genau, warum. Er gaukelt dir immer vor, du habest zu wenig Begabung. Hardegg schrieb aber in unserem Blatt, die Schwarzwälder seien wie alle Gebirgsvölker gemütlich[3] und begabt zugleich. Du warst aber doch der Leithammel von uns allen und hast schon eine Anzahl mitgerissen. Und nun denkt der Teufel: wenn der in die Missionsschule kommt, dann wird er mir noch viele herausreißen. Und jetzt sei nicht so dumm und höre nicht länger auf ihn. Gehe hinauf, packe deine Kiste und reise morgen mit Blaich fort!«

Diesen Rat befolgte ich auch. Freilich trug dazu ein Traum bei, durch den mein Trotz und meine Angst vor der Missionsschule ganz gebrochen wurden. Ich sah in der Nacht nach diesem Gespräch eine so wunderbar herrliche Sonne, dass ich von ihr ganz überwältigt und angezogen wurde. Es war, als ob ich Flügel bekommen hätte und ihr entgegenfliegen würde. Ich sagte: Nur fort, fort, das ist ja die ewige Gnadensonne, und da flog ich immer dieser Gnadensonne entgegen. Als ich erwachte, hatte ich auch Freudigkeit, in die Missionsschule einzutreten.

In der Missionsschule haben einige Erlebnisse viel dazu beigetragen, dass sich in mir der Grundsatz herausgebildet hat, über niemand herrschen zu wollen. Es erregte meinen Abscheu, wenn ich Menschen sah, die einem Baum gleichen, der alle anderen Bäume um sich herum unterdrückt. »Neben dir soll alles Freiheit haben«, sagte ich mir, und so habe ich es bis zum heutigen Tage zu halten gesucht. Aber so wenig als ich andere beherrschen wollte, mochte ich andere über mich herrschen lassen.

Vier Jahre sollte ich in der Missionsschule auf dem Kirschenhardthof bei Ludwigsburg zubringen. Es ist aber so gekommen, dass ich nur 2½ Jahre auf der Missionsschule

3 Schwäbisch: für gemütvoll.

gewesen bin. Das ging so zu: Einmal musste ich mit einem älteren Bruder, dem ältesten der Murrhardter Gegend, zwei Versammlungen in seinem Bezirk halten. Wie in anderen Missionsschulen, war es auch bei uns üblich, dass die Missionszöglinge mit älteren Brüdern ausgeschickt und dazu angeleitet wurden, Versammlungen zu halten und öffentlich zu sprechen. Bis dahin – ich stand in meinem 25. Lebensjahre – hatte ich mich nie dazu entschließen können, in einer Versammlung zu sprechen, obwohl ich hin und wieder in meiner Heimat von den alten Brüdern dazu aufgefordert worden war. Ich sagte in solchen Fällen: »In der Bibel steht, ein Jüngling soll nicht viel Worte machen; wenn er redet, so soll er's kurz und gut machen; er soll seine Weisheit sparen, bis seine Zeit herannaht.« In meinem späteren Leben musste ich öfters erfahren, dass aus Jünglingen selten etwas wird, die zu früh lehren oder Predigen.

Wie ich jetzt aber aufgefordert wurde, etwas zu sagen, da konnte ich das erste Mal recht freudig in beiden Versammlungen Zeugnis ablegen; und Gott segnete mein Zeugnis, sodass man in einer dieser Versammlungen den Ältesten dringend bat, er solle mich noch einige Tage hier lassen. Ich konnte immer freudiger Zeugnis ablegen, sodass aus einigen Tagen ungefähr 14 Tage wurden. Ich musste noch in verschiedenen anderen Dörfern Versammlungen halten, und der Herr segnete mein Zeugnis so, dass es eine schöne Erweckung gab, namentlich unter der Jugend. Aber auch von den Bauern und Gutsbesitzern bekehrte sich eine Anzahl. Infolge davon erwachte in dieser Gegend der Gedanke, ich müsste ganz dorthin als Evangelist kommen und die Leute verfassten eine diesbezügliche Bittschrift an mein Missionskomitee. Als ich mit dieser Bitte zurückkam, sah das Komitee darin doch eine göttliche Führung, und meine Stationierung in dieser Gegend als Evangelist wurde bewilligt. Ich fürchtete aber doch, ich hätte noch zu

Ziele Lücken in meiner Ausbildung und sagte dies einem der Missionslehrer, dem bekannten Christoph Paulus. Er lachte mich aus und sagte mir, ich solle beruhigt sein, denn es sei doch augenscheinlich, dass Gott mir dort eine offene Tür und eine Erweckung gegeben habe; das sei doch von Gott. Das hätte Gott nicht getan, wenn er mich nicht reif für diese Arbeit gefunden hätte. Im Übrigen könne er mich beruhigen, ich hätte mehr gelesen als er, ich wisse genug. Dies hielt ich für eine Ironie von ihm, da sagte er: »Nein, das ist mir ganz ernst. Ich habe schon oft gestaunt, dass du alles weißt, was nur einigermaßen Wichtiges in der Geschichte passiert ist.« Damit durfte ich sehen, wie Gott meine Angst, dass ich nach der Missionsschule nichts leisten würde, zuschanden gemacht hatte. Gott bezeugte sich auch in der Folgezeit fort und fort in meiner Arbeit, und das hatte auch eine erfreuliche und ermutigende Rückwirkung auf die Missionsschule selbst; man schickte die Missionszöglinge gern in mein Arbeitsfeld. Etwa fünf Jahre lang war ich dort.

Obwohl ich fast diese ganze Zeit hindurch harte Bretter zu bohren hatte, das heißt, in solchen Gegenden arbeiten musste, welche dem sehr verdorrten Totenfelde in Hesekiel, Kapitel 37, gleich waren, ja oft zu wahren Sodoms herabgesunken waren, so hatte auch das für mich sein Gutes. Ich war dadurch gezwungen, ein anhaltendes Gebetsleben zu führen, in ein Heiligungsleben einzudringen und mit allem zu brechen, was auch zu den noch so kleinen und feinen Bannen zählen mochte; ich musste alles aufsuchen und hinwegräumen, was die Erhörung des Gebets hindern konnte. Das tiefe Verderben dieser Gegenden, in welchen ich tätig sein musste, war für mich der mächtigste Antrieb und Sporn, nach der Heiligung, der Demut, der Liebe und den Geisteskräften der apostolischen Zeit zu trachten. Ich war oft gezwungen, an das von Hessekiel geschaute große Totenfeld zu denken, das nur lebendig wurde durchs Weissagen. Es sagte mir immer wieder: »Du Menschenkind, wenn man solche verdorrten Totenfelder zu neuem, göttlichem Leben erwecken will, dann darf man nicht nur lehren oder predigen, sondern es muss das Predigen ein Weissagen sein. Die Wortverkündigung muss in der Kraft des Geistes geschehen, wenn in solch versunkenen Gegenden die Macht des Todes gebrochen werden und das Reich Gottes durchbrechen soll. Aber Gott ermutigte mich in diesem Gebetsleben und in dem Trachten nach Heiligung und nach mehr Kräften von oben durch schöne, oft herrliche Erfolge, Gebetssiege und Erweckungen, dass sich allmählich in diesen Gegenden neues Leben verbreitete und sich ein schönes, geordnetes Gemeinschaftsleben bildete, worüber sich auch die Leiter unserer Gesellschaft sehr freuten. Ich wurde dadurch immer mehr angetrieben, alle kleineren oder größeren Kreise, die durch meine Tätigkeit entstanden, gleich zu Gebetsgemeinschaften zu erziehen und alle diese Kreise zu einer großen weitverzweigten Gebetsgemeinschaft zu organisieren, um diesem Verderben eine große Gebetsmacht entgegenzustellen. Ich fühlte mich durch die Früchte und Erfolge getrieben, es auf meiner Station einzurichten, dass wir eine Zeitlang mit einer Anzahl der ernstesten Geschwister alle vier Wochen acht Tage lang zu anhaltendem Gebet vereinigten, mit dem Ziel, tiefer in ein biblisches Heiligungsleben und in den Geist und die Kräfte der apostolischen Zeit einzudringen, weil ich fühlte, dass das Verderben und die Macht der Finsternis in diesen Gegenden viel zu mächtig waren, um mit diesen schwachen Kräften, die bei uns vorhanden waren, etwas Durchschlagendes ausrichten zu können.

Wenn ich mich jetzt frage oder wenn mich andere fragen sollten: was habt ihr durch diese Gebetswochen erreicht, so bekenne ich offen, dass wir das heute noch nicht erreicht haben, was wir damit erreichen wollten. Aber andererseits haben wir auch viel mehr und so manches erreicht, an das wir damals gar nicht gedacht hätten. Erstens haben wir immerhin Kräfte angezogen, dass, wenn wir nachher hinausgingen, das Wort zu verkündigen, wir erfahren durften, dass wir durch diese Kräfte Leben schaffen konnten, wohin wir kamen. So konnte ich z. B. in den letzten Jahren, bevor ich mich von dieser Gesellschaft trennen musste, in einer der schönsten und reichsten Gegenden Württembergs eine so mächtige Geistesbewegung hervorrufen, dass bei der Gesellschaft die Zahl der Mitglieder und der lebendigen Gemeinschaften und die Geldeinnahme wuchs, und ich die Hoffnung hatte, das Feuer, das der Geist Gottes hier angezündet hatte, immer weiter über unser Württemberg auszubreiten. Einer der ersten Leiter dieser Gesellschaft, der alte Christoph Paulus, war mit einem Sohn oder Neffen, als er das erste Mal in diese Bewegung durch einen Besuch hineinkam, so ergriffen und erfreut, dass er sagte: »Du hast die Meinung zuschanden gemacht, dass in Württemberg nichts mehr zu machen sei.« Und sein Sohn oder Neffe sagte immer wieder voll Staunen, dass er so etwas in Württemberg nicht mehr für möglich gehalten hätte. Eine weitere Frucht dieser Gebetswochen und unseres Gebetslebens überhaupt war, dass, als der Leiter Christoph Hoffmann, der sich zum Bischof gemacht hatte, in den vulgärsten Rationalismus verfiel und den größten Teil der Gesellschaft mit sich hineinriss, wir nicht mitgerissen, sondern vor diesem Abfall bewahrt wurden und uns trennen konnten.

## *8. Meine Versetzung nach Stuttgart*

Nach dieser Zeit wurde ich als Evangelist nach Stuttgart versetzt. Als ich kurze Zeit dort gewesen war, wurde mir von dem Bruder, bei dem ich Wohnung und Kost hatte, eröffnet, er habe von der Zentralleitung den Auftrag bekommen, mir zu sagen, weshalb man mich nach Stuttgart versetzt habe. Das, was er mir sagte, hing mit meiner bisherigen Lebensweise zusammen. Ich hatte nämlich den Grundsatz, in den Zeiten, wo man auf dem Lande nicht missionieren konnte, also während der Heu- und Getreideernte, den Landleuten bei ihrer Arbeit zu helfen. Ich ging dabei von dem Gedanken aus, der Gesellschaft so wenig wie möglich zu kosten und mich so viel als möglich nützlich zu machen. Ich wollte auch im Essen und Trinken so geringe Ansprüche als möglich machen. Deshalb erklärte ich den Leuten, bei denen ich zum ersten Mal eintrat, wenn sie mir eine Freude machen wollten, so sollten sie Essen und Trinken etwas geringer machen, als sie es sonst tun; und wenn sie mich betrüben wollten, so sollten sie es besser machen. Ich sei ein solch gesunder Mensch, dass ich es nicht haben wolle, wenn meinethalben irgendwelcher Aufwand gemacht werde. Der Bruder, bei dem ich in Stuttgart wohnte, sagte mir nun, es sei ja schön und edel von mir, dass ich den Leuten auch äußerlich dienen wolle, wenn ich nicht missionieren könne; aber die Leitung wolle das nicht von mir haben. Er habe den Auftrag bekommen, mir zu sagen, man habe mich aus folgenden Gründen nach Stuttgart versetzt: Man war besorgt, dass die drei leitenden Männer, Hoffmann, Hardegg und Paulus, schon so alterten, und dass noch keine Nachfolger vorhanden seien, die an ihre Stelle treten konnten. Es waren das Männer, die das Reichs Gottes vor Königen und Kaisern so gut wie vor Bettlern vertreten konnten. Da denke die Leitung daran, dass, wenn ich nur wolle, ich mir noch eine solch systematische Bildung aneignen könne, dass ich wohl auch vor hoch und niedrig die Sache Gottes vertreten könne. Ich könne mir ja keine akademische Bildung mehr verschaffen, aber ich hätte erstens eine gute Grundlage und mir schon vieles angeeignet, zweitens gute Naturgaben; und wenn man mir behilflich sei, könne ich mir wenigstens noch soviel Bildung verschaffen, dass ich in keiner Weise darauf beschränkt sei, nur auf die unteren und mittleren Klassen zu wirken, sondern auch auf die höheren und höchsten Stände. Zu dem Zweck solle ich Vorlesungen besuchen, und man wolle mir auch behilflich sein, wie ich mir die feinsten Umgangsformen aneignen könne. Ich muss bekennen, dass ich damals gar kein Verständnis für diesen Plan hatte, sondern einfach darüber gelacht habe; solches alles hielt ich für Babel und Fabel. Ich dachte und sagte, ich wolle nur ein Bauernapostel bleiben nach dem Sprichwort: »Schuster, bleib' bei deinem Leisten«. Später, als ich von Stuttgart nach Mittel- und Norddeutschland versetzt wurde, musste ich doch erkennen, dass Gott mich hier begünstigen wollte und ich es nur nicht verstanden hatte. Denn ich kam dann oft dazu, in größeren öffentlichen Versammlungen, auch unter höheren Ständen missionieren zu müssen, wo es ganz gut für mich gewesen wäre, wenn ich mich mehr vervollkommnet hätte.

Vielleicht darf hier noch berührt werden, dass, bevor ich nach Stuttgart kam, ich hin und wieder in den größeren Städten Württembergs öffentliche Vorträge hielt über die großen Tages- und Zeitfragen, z. B. über die Lösung der schon in den sechziger Jahren brennenden sozialen Frage. Bei diesen Vorträgen fanden sich auch zahlreiche Vertreter der höheren und der gelehrten Stände ein. Es möge hier nur ein Beispiel folgen. Als ich auch einmal in einer größeren Stadt, in Öhringen, solch einen Vortrag hielt und ein Programm in den Zeitungen bekannt gegeben hatte, das viele Lehrer und Pastoren, auch mehrere Edelleute, Professoren und Doktoren herbeigelockt hatte, da ging ein Bruder mit mir, ein gut gebildeter Kaufmann. Als die Herrschaften sich bei ihrer Ankunft so vornehm komplimentierten und es immer wieder hieß: »Grüß Gott, Herr Baron! Grüß Gott, Herr Professor!« und: »Wo sind denn die Herren Redner?« – ich glaube, ich hatte damals noch kurze Lederhosen und Schaftstiefeln an –, da wurde es meinem Freunde neben mir angst und bange. Aber ich sagte ihm zur Aufmunterung ins Ohr: »Sei ganz getrost! Wir werden heute Abend das Wort der Weissagung erfüllen: ein kleiner Knabe wird junge Löwen, Bären und Mastvieh miteinander treiben.« Mein Vortrag war denn auch von solch durchschlagender Wirkung, dass ich nachher hören durfte, dass auch die Hörer aus den höheren Ständen anerkannten, das sei wirklich der einzige Weg, diese Fragen zu lösen; aber er sei eben zu sehr dem Zeitgeist entgegen. Schon in der Versammlung sagte ein Professor nach meinem Vortrage, er müsse anerkennen, dass die Schäden unserer Zeit ganz richtig bezeichnet worden seien, dass auch das nicht zu widerlegen sei, dass die bekannten politischen Richtungen – Konservativismus, Liberalismus, Sozialismus und dergleichen – nicht mehr die Kraft hätten, diese Schäden zu heilen, und auch das sei unmöglich zu widerlegen, dass das ursprüngliche, biblische Christentum allein imstande sei, die herrschenden Schäden zu heilen. Nur eins habe er auszusetzen: ich hätte die bestehenden Zustände doch zu schwarz gemalt. Als ich mich öffentlich entschuldigte: wenn dem einen oder anderen Zuhörer das Sprachliche meines Vortrages zu wünschen übrig lasse, dann möchte man es damit entschuldigen, dass ich auf keiner Hochschule ausgebildet worden sei, sondern lediglich in der Schule des praktischen Lebens, da sagte ein Doktor: »Nun ja, wenn sie auch keine Gelehrten sind, pfiffige Köpfe sind sie doch.«

## *9. Innere Kämpfe und Siege*

Nach meiner Versetzung nach Stuttgart hatte ich eine Zeitlang sehr schwere innere Kämpfe. Vieles wollte mich an zu Boden drücken. Auch das war mir so schwer, dass ich einige Jahre lang in meiner Missionsarbeit gar keinen Erfolg mehr sah. Bis jetzt war ich so siegesgewohnt, hatte Erfolg an Erfolg gehabt. Auch konnte ich bei den finsteren Mächten, die mich zu Boden drücken wollten, gar nicht durchbrechen. Eine Geschichte aus Stillings »Geisterszenen« hat Gott gebraucht, um mich aus diesem Zustande zu befreien. Stilling erzählt von einer Näherin, die eine begabte, entschiedene Christin war. Es kam aber für sie eine Zeit, in der sie mit Schwermut zu kämpfen hatte. Aus dieser Schwermut wurden allmählich schwere Anfechtungen zum Selbstmord, sodass sie sich in einem unbewachten Augenblick eine Schere durch die Brust stieß. Stilling lässt dann, als sie vor das Gericht Gottes treten musste, zwei hohe Satansengel mit ihr vor Gericht erscheinen. Ihre Schwermut und ihren Selbstmord stellt Stilling als eine Wirkung dieser Satansengel hin, die jahrelang mit ihr im Kampf gestanden und sie zuletzt überwunden hatten. Diese ihre Verführer wurden im Gericht zum Feuersee verdammt. Sie selbst kam nicht dahin, Stilling lässt sie einen der niedrigsten Grade der Rettung gewinnen. Aber es wurde ihr gesagt, sie hätte diese beiden Satansengel überwinden können durch anhaltendes Gebet; dadurch hätte sie den Namen Jesu verherrlichen und ihre Krone und ihr Königreich bekommen sollen. Diese drei Punkte: du hättest überwinden können durch anhaltendes Gebet und hättest dadurch den Namen Jesu verherrlicht und deine Krone und dein Königreich bekommen, beleuchteten mir meine eigene Lage wie ein greller Blitz; hatte ich doch schon vorher gefühlt, dass es arge und schwere Finsternismächte waren, die mich vernichten wollten. Ich musste mir sagen, das hast du noch nicht getan, anhaltend gebetet hast du noch nicht. Ebenso musste ich mir sagen: das kannst du noch leisten, du kannst anhaltend beten. Und jetzt fing ich an, wirklich anhaltend zu beten. Wie lange ich in diesem anhaltenden Gebet ringend stehen musste, weiß ich nicht mehr genau, es mögen zwei bis drei Jahre gewesen sein. Aber ich rang so mit Gott, ich sagte: Wenn du an den Polen des Weltalls wärest, so will ich so in das Weltall hineinschreien, dass du dich erbarmen und mir helfen musst. Und wenn dir mein Flehen und Schreien nicht entleidet, dann entleidet mir's auch nicht. Und wenn du mich noch lange nicht hören wolltest, so werde ich noch lange nicht aufhören, bis du mich hörst. Öfters ging ich in die Berge oberhalb Stuttgarts hinauf, so in den Bopserwald, wo ich halbe Tage lang mit Gott rang. Als ich auch einmal wieder in einem der Wälder bei Stuttgart dalag im Gebet und Ringen mit Gott, da kam etwas so Gewaltiges über mich, von dem ich fühlte, jetzt hat Gott mein Geschrei gehört. Es war gerade, als wenn der Arm Gottes ausgestreckt wäre und hätte alle diese Finsternismächte zerschellt. Ich fühlte mich auf einmal ganz befreit. Aber noch mehr: ich hatte etwas bekommen, um das ich weniger gebetet hatte. Ich fühlte mich mit seiner solchen Kraft von oben erfüllt, dass es mir immer gewisser wurde, es war eine neue Kraftausrüstung mit dem Geist Gottes. Es war mir so gewiss, dass ich jetzt wieder erfolgreich sein werde in meiner Mission, dass ich am anderen Tage zu einem vertrauten Freund triumphierend sagte: »Jetzt kann ich wieder Lücken brechen in Satans Reich, ich habe Pulver gekriegt vom Himmel.« Und es war keine Täuschung; ich hatte jetzt wieder eine solche Kraft, für den Herrn zu wirken, und habe damals auch erfahren, wie leicht es ist, die Menschen zu erschüttern und zu bekehren, wenn eine göttliche Kraft da ist.

So konnte ich z. B. in dieser Kraft in einer der reichsten Gegenden Württembergs eine große Erweckung zustande bringen, sodass wir unsere Konferenzen im Sommer immer im Freien halten mussten; kein Raum war groß genug. Auch an Kranken geschahen herrliche Wunder. Verschiedene wurden sogar, wenn sie schon im Rachen des Todes lagen, durch das Gebet herausgerissen. Vielleicht darf ich ein Beispiel anführen, wie leicht es ist, die Menschen zu bekehren, wenn der Geist Gottes im Wort zugegen ist und das Wort in Kraft des Geistes verkündigt wird. Ein Nagelschmied, der in einem Dorf nahe bei der badischen Grenze wohnte, erzählte mir, dass er schon als Knabe einen mächtigen Zug zu Gott gehabt habe. Auch seine Konfirmation war ihm recht ernst gewesen; er hatte sich vorgenommen, im Bunde mit Gott zu bleiben. Aber schon in seinen Lehrjahren wurde er so verführt und in die Sünde und in die Welt verstrickt, dass er weder Lust noch Kraft noch Mut mehr fand, zu Gott umzukehren. Als diese Geistesbewegung in jene Gegend kam, kamen verschiedene Geschwister zu ihm und ließen ihm keine Ruhe mehr. Nur einmal solle auch er zu einer dieser Konferenzen kommen. Er habe sich aber mit Händen und Füßen dagegen gesträubt, weil er gedacht habe, bei ihm sei doch Hopfen und Malz verloren. Weil man ihm aber fast das Haus eingelaufen habe, er solle nur auch ein einziges Mal mitkommen, so habe er rein im Unwillen eingewilligt, obwohl er vier Stunden bis zum Versammlungsplatz zu gehen hatte. Er erzählte mir, dass ich kaum eine Viertelstunde gesprochen hätte, da sei eine solche Kraft und Freude über ihn gekommen, dass alle seine Bande und Ketten von ihm abgefallen seien wie »der Dreck vom Rad«. Er fühlte sich jetzt ganz frei von seinen alten Banden und Ketten und war in ein neues Leben versetzt. Noch manche Beispiele könnte ich anführen, wie leicht es geht, die Menschen zu durchbohren und umzuwenden, dass sie von ihren Banden und Ketten befreit werden und neues Leben in sie kommt, wenn das Wort der Wahrheit in wirklicher Kraft des Geistes verkündigt werden kann. So kam es wiederholt vor, dass selbst die ärgsten Spötter, mit denen ich im Wirtshaus, wo ich meine Mahlzeiten einnahm, zusammentraf, so vom Wort getroffen wurden, dass sie, wie sie mir später selbst bekannt haben, keinen Schlaf finden konnten. Gott bezeugte sich in jener Zeit auch durch verschiedene wunderbare Heilungen aufs Gebet mit Handauflegung.

### *10. Die Tempelgesellschaft*

Ehe ich aber auf diese eingehe, ist es nötig, dass ich wenigstens mit ein paar kurzen Strichen zeige, was die schon wiederholt erwähnte Tempelgesellschaft wollte, und erzähle, was Hoffmann, Paulus, Hardegg und andere Männer, darunter auch mich, zuerst verbunden und später wieder voneinander getrennt hat. Natürlich ist es mir nicht möglich, die ganze Geschichte der Tempelgesellschaft ausführlich zu beschreiben. Christoph Hoffmann, der Sohn des bekannten Gründers von Kornthal und Wilhelmsdorf, hatte sich schon vor dem Jahre 1848 und besonders während dieses Jahres das höchste Vertrauen der gläubigen Welt, besonders des Pietismus in Württemberg, erworben, vor allem dadurch, dass er als ganz junger Theologe – er kam gerade von der Hochschule – den Kampf gegen die Führer des Unglaubens, den bekannten David Friedrich Strauß und Theodor Vischer, energisch führte. Vischer war Professor in Tübingen und hatte in seiner Antrittsrede erklärt, er werde das Nest, das man Christentum nenne, zerstören. So haben diese beiden

Männer dem Christentum den Fehdehandschuh hingeworfen und ihm den Kampf auf Tod und Leben erklärt. Weil die bibelgläubigen Theologen so gut wie nichts dagegen taten, so empfand man es umso dankbarer unter der gläubigen Welt, dass dieser junge Theologe den Kampf mit diesen antichristischen Geistern aufnahm. Hoffmann hat hier eine solche Begabung und Überlegenheit bewiesen, dass nach kurzer Zeit ganz Württemberg, vor allem die Presse, in zwei Lager geteilt war. Die durch ihn entstandene Gegenbewegung war so stark, dass der König sich gezwungen sah, Vischer wieder von Tübingen wegzunehmen. Es kam auch zu einer Wahlschlacht zwischen Hoffmann und Strauß, als im Jahre 1848 in ganz Deutschland Vertreter ins deutsche Parlament nach Frankfurt gewählt wurden. Die ungläubigen liberalen Städte, vor allem Ludwigsburg, stellten Strauß als Parlamentskandidaten auf. Da kamen die Bibelgläubigen zu Hoffmann und sagten, die Schmach dürfe Württemberg nicht angetan werden, dass es einen solchen Antichristen wie Strauß ins Parlament schicke; er müsse als Gegenkandidat auftreten. So kam es zu einem gewaltigen Wahlkampf zwischen der ungläubigen und der gläubigen, pietistischen Welt. Aus diesem Wahlkampf ging Hoffmann als Sieger mit großer Mehrheit hervor. Man hat in Württemberg diesen Kampf mit dem des David mit Goliath verglichen. Das Volk ruhte nicht, bis beide einmal zu einem Redetournier einander gegenüberstanden auf dem Balkon des Königlichen Schlosses in Ludwigsburg; es waren Tausende von Menschen versammelt, um diesem Redekampf zuzuhören. Straußens Anhänger hatten Sträuße an ihrer Kopfbedeckung angebracht. Hoffmann sprach aber dermaßen überlegen, dass viele Anhänger von Strauß ihre Sträuße herunterrissen, auf der Straße zertraten und riefen: »Nieder mit Strauß, Hoffmann soll leben!«

In Frankfurt musste Hoffmann sehen, dass unter allen deutschen Vertretern außer ihm nur noch ein einziger Mann das Christentum offiziell vertrat; es war Fabrikant Metz aus Freiburg i. B. Dies machte einen furchtbaren Eindruck auf Hoffmann. Infolgedessen hat er die Zustände in Deutschland vielleicht etwas zu schwarz beurteilt. Er glaubte nämlich, das Antichristentum sei nur in Deutschland soweit vorgeschritten, und er verglich die Zustände in Deutschland mit einem Ei, dessen Schale noch christlich sei, während unter der Schale schon ein neues Geschöpf lebe, das Antichristentum, das diese christliche Schale zertrümmern und zur Herrschaft kommen werde. Man dachte, Staat, Kirche und Schule seien nur noch der Form nach christlich, aber inwendig sei schon alles antichristlich.

Das brachte ihn auf den Gedanken der Sammlung des Volkes Gottes in Jerusalem. Unter dem Namen »Der deutsche Tempel« wollte man eine Gemeinde sammeln, die aus all dem antichristlichen Unglauben ausgegangen sei und sich zu dem Zweck vereinigen solle, das Christentum in seiner ursprünglichen Gestalt und Kraft wieder aufzurichten. In dieser Zeit gesellte sich auch G. D. Hardegg zu ihm. Dieser brachte hauptsächlich den Gedanken in die Tempelgesellschaft herein, dass 1. Kor. 12 im Mittelpunkt stehen müsse, das heißt, dass die Gemeinde Christi wieder die dort beschriebenen Gaben und Kräfte gewinnen müsse. Eine solche Gemeinschaft sah man als die einzige Rettung aus leiblicher und geistiger Not an. Dass diese Seite so in den Mittelpunkt gestellt wurde, hat uns Schwarzwälder darum so angezogen, weil das uns zur Überzeugung brachte, die Tempelgesellschaft setze nur das fort, was durch Blumhardt im Schwarzwald angefangen war. Während dieses Ziel von Hoffmann verfolgt wurde, kämpfte er zugleich gegen den Unglauben auf den deutschen Hochschulen, auf den Kathedern und Kanzeln, in Kirchen und Schulen. Er ging von dem Gesichtspunkt aus, dass der Unglaube unserer Gelehrten und Theologen die Hauptschuld daran trage, dass das Antichristentum in Deutschland solch eine furchtbare Macht geworden sei, wie er es in Frankfurt sehen musste.

Die Ansiedelungen der Tempelgesellschaft in Palästina hatten auch den Zweck, dass man das so sehr heruntergekommene Volk und Land wieder aufrichten wollte. Man sagte sich: wenn wir das Christentum mit allen den Geistesgaben der Apostelzeit wieder haben, dann kann man in den Kulturländern wie im Abendland retten, was noch zu retten ist, und in Palästina und in jedem verfallenen Lande ein Neues schaffen. Man kann den Ländern und Völkern wieder aufhelfen.

### *11. Meine erste Palästinareise und ihre Folgen*

Die geschilderten Wirkungen hatten auch die Frucht, dass ich unerwartet meine erste Palästinareise machen durfte. Das Geld zu dieser Reise wurde mir teils von einer kranken, alten Schwester, die durch meinen Dienst schweren inneren Anfechtungen entrissen wurde, gegeben, teils von vermögenden Geschwistern, die in der zuletzt geschilderten Erweckung gewonnen wurden, ohne mein Zutun zur Verfügung gestellt.

So sehr ich mich auf diese Reise gefreut hatte, so Schweres musste ich in Palästina sehen und erleben. Ich kam gerade zur größten Krisis, die die Tempelgesellschaft je durchzumachen hatte. Leider musste ich Augenzeuge davon werden, wie Hoffmann den Mitbegründer der Gesellschaft und seitherigen Mitleiter G. D. Hardegg absetzte und Hardegg sich infolgedessen von der Gesellschaft trennte. Es war die Folge von unüberbrückbaren Differenzen, die zwischen Hoffmann und Paulus einerseits, Hardegg andererseits bestanden. Hardegg war schon vor seiner Absetzung von der Leitung zurückgetreten, weil er, wie er sagte, für manches, was die beiden anderen taten, keine Verantwortung mehr tragen wollte. Er war aber gerade derjenige, von welchem wir am meisten Anregung und Segen hatten, und durch ihn lebten wir immer der Überzeugung, die Tempelsache setze das fort, was wir durch Pfarrer Blumhardt und Jungfrau Trudel empfangen hatten. Diese Absetzung Hardeggs durch Hoffmann geschah in einem Geist, der mir als ein böser und wüster Geist erschien. Außerdem musste ich bei Hoffmann und in seiner Umgebung so manches sehen und hören, das mein Vertrauen, wenn auch noch nicht zu der Sache, so doch zu der Person Hoffmanns aufs Tiefste erschütterte. Unter anderem erweckten Reden von Hoffmann in mir den Verdacht, ob nicht der Mann ein fadenscheiniger Rationalist geworden sei.

Hoffmann machte sich jetzt zum alleinigen Haupt und Bischof der Tempelgesellschaft. Es ist gar nicht zu beschreiben, was ich infolge dieser Vorkommnisse innerlich durchzukämpfen hatte. Und doch musste ich in späterer Zeit aufs Tiefste danken und es als eine wunderbare Fügung Gottes ansehen, dass ich gerade zu dieser Krisis nach Palästina kommen musste. Hätte ich diese Krisis nicht als Augenzeuge miterlebt und mit durchgemacht, so wäre es mir weit schwerer gefallen, mich später von der Gesellschaft zu trennen. Alles, was ich da mitansehen musste, legte den Grund dazu, dass Martin Blaich und eine ganze Reihe anderer Geschwister mit mir sich einige Jahre später von der Tempelgesellschaft trennten. Ich will lieber von manchen Dingen schweigen, die ich da auf religiösem Gebiet und dem der Verwaltung sehen musste und die mein Vertrauen zu Hoffmann und Paulus tief erschütterten. Nur eines möchte ich namhaft machen. Ein redlicher, geistvoller Bruder, der ein großes Vermögen hatte und sich in der zuletzt erwähnten Erweckung der Tempelgesellschaft angeschlossen hatte und sich auch an der Kolonisation in Palästina beteiligte, sagte mir gleich nach meiner Ankunft: »Bruder Seitz, ich muss bekennen, ich bin ganz enttäuscht worden, als ich hierher kam. Wir haben gedacht, als wir Bruder Blaich und dich hörten: wenn schon die Zöglinge in einem solchen Geist und solcher Kraft stehen, wie werden dann erst ihre Leiter und Häupter sein! Jetzt sehen wir, ihr seid zweierlei Geist: die anderen, Paulus und Hoffmann, haben den Geist nicht, den ihr Evangelisten, Blaich und du, habt. Es ist bei diesen Herren zu viel trockene, saft- und kraftlose Theorie. Was haben wir in euren Versammlungen genossen, und wie kalt und trocken geht's hier zu!« – Manches andere, das ich noch gesehen habe, will ich verschweigen; aber das hat alles dazu beigetragen, dass ich das Vertrauen zur Leitung Hoffmanns verlor. Da ich dem Ältesten-Ausschuss angehörte und als Evangelist der Gesellschaft arbeitete, so sollte auch ich mit den anderen Hoffmanns alleinige Autorität anerkennen. Das brachte mich in eine so verzweifelte Lage, aus der ich mir nur dadurch heraushelfen konnte, dass ich die offene Erklärung abgab, ich hätte jetzt kein Vertrauen zu Hoffmanns Leitung. Wenn ich eine Vertrauenserklärung abgäbe, dann sei ich ein gebrochener Charakter. Aber ich sei bereit, für die Sache nach wie vor zu arbeiten, wenn man kein Vertrauen zu Hoffmanns Person von mir fordere. Als ich diese Erklärung abgegeben hatte, war ich innerlich sehr beruhigt. Ich dachte, wenn man mit dieser Erklärung nicht zufrieden sei, wolle ich mich gleich von der Gesellschaft trennen. Wie ich nachher erfahren habe, war es Hoffmann selbst, der es befürwortete, dass man auf meine Bedingung eingehen solle, und zwar schon aus Rücksicht auf das, was ich der Gesellschaft bisher geleistet habe.

Ich konnte damals oft selber nicht begreifen, wieso ich in Palästina das furchtbare Misstrauen gegen Hoffmann bekommen hatte. Selbst durch das, was ich dort gesehen hatte, ließ sich dieses Misstrauen nicht rechtfertigen. Oft habe ich zu Gott gebetet und geschrien: »Lieber Gott, sage mir, wer Hoffmann ist!« Ich wusste zwei bis drei Jahre lang nicht, ob ich es in Hoffmann mit einem großen Reformator und Propheten zu tun habe und zitterte vor dem Gedanken, dass ich dann eine Stellung im Herzen einnähme, wie die Rotte Korah, oder ob er nur ein falscher Prophet sei. Das war einige Jahre ein schwerer Kampf, dass ich keines von beiden gewiss wusste. Aber einige Jahre später, als er Taufe und Abendmahl und noch etwas später die Dreieinigkeitslehre, die vorweltliche Existenz Christi und die Gottheit Christi als unbiblisch verwarf, aus Christus einen Menschen machte, der durch Entwickelung Gott geworden sei, und auch die Versöhnungslehre uneigentlich gemacht hatte, da war mir's erst klar, weshalb ich schon damals das furchtbare Misstrauen und den Widerspruch gegen Hoffmann im Herzen hatte, denn die Ansätze zu alledem waren schon damals fühlbar und sichtbar für ein schärferes Geistesauge, wie für das Hardeggs, der schon dazumal den Ausspruch tat, die Sache Hoffmanns werde noch einmal im krassesten Rationalismus enden.

## *12. Wieder in Deutschland*

Als ich aus Palästina wieder auf mein Arbeitsfeld zurückgekehrt war, traf ich infolge der Krisis zwischen Hoffmann und Hardegg so schwierige Verhältnisse an, dass ich mir oft kaum Rats wusste. Wo ich zu Angehörigen der Tempelgemeinde in Deutschland kam, wurde ich über alles, was ich gesehen und miterlebt hatte, ausgefragt. Wenn ich dann die Wahrheit sagte, so wie ich die Dinge gesehen hatte, so erregte das Misstrauen gegen den Leiter, Hoffmann, und heucheln oder die Sache anders darstellen, als ich sie gesehen hatte, konnte ich nicht. Dies führte dahin, dass man mir die Pistole vor die Brust setzte und von mir bedingungslose Unterwerfung unter Hoffmann verlangte, anderenfalls sei meine Stellung und meine Arbeit unmöglich. Da nahm ich den Abschied, weil meine ganze Überzeugung und mein Gewissen sich dagegen sträubten, auf die geforderte Unterwerfung einzugehen. Es war der damalige Leiter in Württemberg, der mich zu dieser Entscheidung trieb. Ich zog mich jetzt an einen abgelegenen Ort in die Stille zurück und rang unaufhörlich mit Gott, er solle mir meinen Weg zeigen, denn ich wusste gar nicht, was für einen Weg ich gehen solle. Nur das war mir klar, dass ich meine bedingungslose Unterwerfung unter Hoffmann nicht erklären dürfe. Da bekam ich durch 1. Chron. 4, 10 die Gewissheit, dass mein Weg schon bestimmt sei. Auch; sah ich im Traum eine Stadt in Mitteldeutschland als mein neues Arbeitsfeld. Inzwischen hatte sich der württembergische Leiter überall nach meinem Aufenthalt erkundigt und schrieb mir nun einen warmen und herzlichen Brief, ich solle eilends zu ihm zurückkommen, man wolle mir einen neuen Vorschlag machen; einerseits damit mich die Tempelgesellschaft nicht verliere, andererseits damit ich aus meiner so versuchungsvollen Lage herauskomme, über die Zustände der Gesellschaft in Palästina Auskunft erteilen zu müssen.

Als ich diesem Briefe Folge leistete, eröffnete er mir, man habe sich in der Zentralleitung dahin verständigt, dass man mir eine Art Kompromiss anbieten wolle. Ein Bruder, namens Michel, in Schlesien wünsche, dass auch in seiner Gegend, in Marklissa, ein Evangelist angestellt werde. Die Leitung schlage mir vor, diese Stelle anzunehmen. Dann sei ich vielen Versuchungen enthoben, die auf dem württembergischen Arbeitsfeld für mich vorhanden seien. Dort in Schlesien habe ich eine Neubrucharbeit zu tun. Sofort war ich dazu bereit, und zwar mit innerer Freudigkeit und der Gewissheit, dass das eine Führung Gottes und der göttliche Weg für mich sei. Bevor ich indessen meine Arbeit daselbst antreten konnte – ich war dort nur kurze Zeit und kam dann nach Liegnitz auf eine viel bessere, schönere Station –, wurde ich von dem alten Vater Ruhmer, der der Gründer und der Hausvater der Armenschullehrer-Anstalt »Kommet zu Jesu« in Neusalz a. O. war, dringend eingeladen, ihn zu besuchen. Er bestellte in etwa 8-10 schlesischen Städten in Hotelsälen und Schützenhallen größere Versammlungen für mich, zu denen in den Zeitungen eingeladen wurde. Nachdem ich davon nach Marklissa zu Bruder Michel zurückgekehrt war, schrieb mir Vater Ruhmer: Es sei überall an diesen Plätzen eine schöne Anregung gegeben worden; es wäre sehr schade, wenn nicht daran weitergearbeitet werde; sonst vergehe wieder alles. Darum solle ich zu ihm zurückkehren und solle in seiner Anstalt meinen Sitz aufschlagen und von da aus allerorts in der Weise fortfahren, wie ich es in diesen Versammlungen angefangen habe; zu meinem Lebensunterhalt wolle er das Seine beitragen. Ich gab ihm zur Antwort, dass ich auf sein schönes Anerbieten nicht eingehen dürfe, weil ich dahin gehen müsse, wohin Gott mich kommandiert habe, und ich müsse dort bleiben, bis Gott mich wieder wegrufe. Gleich wieder schrieb er zurück, ob ich in Württemberg nicht einen Kollegen habe, der im gleichen Geist stehe und arbeiten könne, dann würde er diesen bei sich aufnehmen, damit er in der Weise arbeite, wie er es sich von mir gedacht habe. Sofort schrieb ich ihm, ich wisse allerdings einen, der mein intimster Freund sei, mit mir im gleichen Geiste stehe und an Alter und Erfahrung weiter sei als ich, nämlich Martin Blaich: Er schrieb an diesen und richtete auch an die Tempelleitung das dringende Gesuch, man möchte Martin Blaich erlauben, mit mir in Schlesien zu arbeiten. Beide waren damit einverstanden. So kam auch

Bruder Blaich zu mir nach Schlesien. Er wurde in Neusalz bei Vater Ruhmer stationiert.

Wie es damals in Schlesien und in Posen und Brandenburg ausgesehen hat, zeigt folgendes Vorkommnis: Weihnachten 1875 berief Ruhmer eine brüderliche Zusammenkunft nach Neusalz, an der auch Blaich und ich teilnehmen sollten. Weil Vater Ruhmer solange auf diese Konferenz vorarbeitete, erwartete er, dass doch eine ganze Anzahl kommen würden, aber es kamen nur ganz wenige zusammen. Erschienen waren auf seine Einladung die mit ihm durch die Brüdergemeine bekannten Brüder Karl und Robert Leszczynski und Heinrich Schmoldke aus Bentschen, sowie Lehrer Neuweiser aus Wollstein und einige andere Brüder. Er legte dann die Gründe dar, die ihn zu der Einladung für diese Konferenz bewogen hätten. Immer, wenn er in der Schweiz, Baden, besonders aber in Württemberg reise, finde er, dass fast in jedem evangelischen Ort eine größere oder kleinere Versammlung sei, die aus lebendigen Christen bestehe. Da falle es ihm schwer aufs Herz, wenn er daran denke, dass man in Schlesien, Posen und Brandenburg, abgesehen von den wenigen Diasporagemeinden der Herrnhuter, von solchen Versammlungen gar nichts wisse. Er habe deshalb diese Konferenz einberufen, um zu beraten, wie man auch in diesen Provinzen solch ein lebendiges Gemeinschaftsleben erwecken könne. Bei der nun einsetzenden Beratung darüber, wie man das zustande bringe, zeigte es sich, dass die anwesenden Brüder nur Schwierigkeiten und keinen Weg sahen, wie man das möglich machen könne, sodass Vater Ruhmer ganz niedergeschmettert und verzagt war. Blaich und ich wurden auch aufgefordert, unsere Meinung darüber auszusprechen. Ich weiß noch heute fast jedes Wort, das ich damals sagte. Ich stand auf und sagte: »Heute früh hat mich das Gotteswort so gefreut: ›Siehe, ich verkündige euch große

Freude, die allem Volke widerfahren ist‹. Ja, ist denn der Heiland nur für die Badenser, Württemberger und Schweizer geboren? Gilt diese große Freude den Schlesiern, Brandenburgern und Polacken nicht? Wollt ihr denn vor diesen verkündigen, dass ihnen kein Heiland geboren sei? Wollt ihr denn mit dem Evangelium nach Hause gehen, dass die Polacken, Schlesier und Brandenburger keinen so lebendigen Heiland haben wie die Württemberger, Badenser und Schweizer? Das ist doch kein Evangelium! Verkündiget den Heiland, und was er dort geschaffen hat, kann er auch hier schaffen, wenn wir es ihm zutrauen!« Bruder Blaich sprach auch in diesem Sinne.

Diese Worte hatten eine so ermunternde und belebende Wirkung auf die Brüder, dass der Ältere von uns beiden, Bruder Blaich, gleich von Karl Leszczynski eingeladen wurde, für einige Zeit mit zu ihm zu kommen und von dort aus Versammlungen zu halten. Sein Haus bot er ihm als freie Station an. Aus diesem zunächst nur vorübergehend gedachten Aufenthalte sollte ein dauernder werden. Blaich blieb 10-12 Jahre bei Leszczynski in Bentschen. Leszczynski sah das deswegen als ein besonderes Gnadengeschenk Gottes an, weil es schon längere Zeit sein ernstes Bestreben war, Seelen für den Herrn zu gewinnen und die vom Geiste Gottes angefassten tiefer zu führen.

Geboren am 1. Oktober 1833, hatte er in seiner Jugend ein Leben ohne Gott geführt. Obwohl er später hin und wieder unruhig wurde über seinen Sündenzustand, dessen er sich besonders unter den Predigten eines gläubigen Pfarrers bewusst wurde, kam es doch bei ihm zu keiner Entscheidung für Gott. Da erkrankte er so gefährlich an den »inneren« Pocken, dass er nach seinem eigenen Urteil und dem der anderen am Rande des Grabes stand. Jetzt fühlte er seinen verlorenen Zustand; er erzählte später selbst, es war ihm, als ob er mit seinen Fußsohlen die

Hölle berührte, und er schrie in seiner Not zu Gott, er solle ihm doch noch einmal das Leben schenken, dann wolle er ein anderes Leben beginnen, und Gott solle ihn zu frommen Leuten führen, die ihm den Weg zum Himmel zeigen könnten. Wider Erwarten wurde er gesund und machte auch ganzen Ernst mit seinem Vorsatz, von Stund an führte er ein Leben mit Gott. Einige Zeit nach seiner Genesung pachtete er die große Gräflich-Lippische Fischerei in Bentschen. Dort fand er auch einige Männer, die Jesum liebten; er sammelte sie um sich und bot sein geräumiges Haus zu regelmäßigen Versammlungen an. Einer dieser Männer, der schon früher mit der Brüdergemeine in Berührung gekommen war, empfahl, Reiseprediger der Brüdergemeine kommen zu lassen. Das geschah auch. Außerdem fuhren sie alle Jahre ein- oder zweimal, zu Ostern und am 3. August, der zur Erinnerung an die Ausgießung des Heiligen Geistes der Liebe 1727, in Herrnhut heute noch gefeiert wird, nach Neusalz a. O., der nächsten Brüdergemeine, und da anfangs die Bahn noch nicht ging, mussten sie mit dem Wagen dorthin fahren. Es waren beschwerliche Reisen, aber köstliche, glaubensstärkende Zusammenkünfte und Lichtpunkte im Leben der Gemeinschaft. Denn im allgemeinen machte es sich doch recht fühlbar, dass sie von anderen Gläubigen isoliert waren und keine Evangelisten hatten. Da also Bruder Blaich seinen festen Wohnsitz in Bentschen nahm, konnte er diesem Mangel abhelfen. In gleicher Weise wie er arbeitete ich von Liegnitz aus, wohin ich inzwischen übergesiedelt war.

Nachdem wir so zwei Jahre zusammen gearbeitet hatten, hatten wir in Schlesien, Posen und Brandenburg ein so schönes Arbeitsfeld, dass sich auch die Leiter der Tempelgesellschaft sehr darüber freuten, und ich war aus allen Wirren und Versuchungen erlöst. Wir konnten ruhig das Evangelium verkündigen und hatten mit den Krisen innerhalb der Gesellschaft gar nichts mehr zu tun. Da wurden wir beide, Bruder Blaich und ich, zu einem Tempelfest nach Württemberg eingeladen. Als wir aus Schlesien zusammen dorthin reisten, musste ich während der ganzen Reise Gott loben und danken für die großen und schönen Arbeitsfelder, die Gott uns in diesen zwei Jahren gegeben hatte. Immer wieder musste ich im Geist die Lieder wiederholen: »Lobe den Herren, den mächtigen König der Ehren« und: »Lobe den Herren, o meine Seele«. Ich war innerlich so voll Dank, dass ich entschlossen war, wenn wir in Württemberg angekommen seien, wolle ich mich in die Krisen und Streitigkeiten innerhalb der Tempelgesellschaft in keiner Weise einmischen, sondern nach meiner Rückkehr tapfer und fleißig weiter arbeiten.

Doch als wir nach Württemberg kamen; mussten wir viel klagen und jammern hören darüber, wie es mit dem geistlichen Leben in der Tempelgesellschaft bergab gehe. Und weil dies geschehen war trotz längerer Anwesenheit Hoffmanns in Württemberg, so trug das natürlich nicht dazu bei, dass mein Vertrauen zu seiner Person wiederkehren konnte. Es war so weit gekommen, dass die Zentralleitung sich in Stuttgart nachsagen lassen musste, wenn man sie besuchen wolle, müsse man sie zumeist in der »Bockallee« aufsuchen, wo es das feinste Bier gab. Aber ich sagte mir, ich will ein festes Schloss an meinen Mund legen. Ich hörte die Klagen an, aber ich schwieg und dachte, du gehst wieder nach Norddeutschland und mischst dich in diese Sachen nicht ein; dort kannst du nach Herzenslust für den Herrn arbeiten und das Evangelium verkündigen. Bevor wir aber von Württemberg abreisten, wurde eine Ausschusssitzung anberaumt, an der wir beide auch teilnehmen mussten. Da wurde eine Vorlage von Hoffmann vorgebracht, die er aus Palästina geschickt hatte. Nach dieser sollte die Taufe und das Abendmahl abgeschafft werden. Da konnte ich nicht mehr schweigen, Blaich auch nicht. Wir standen auf und erklärten, dass wir die Begründung dieser Abschaffung unvernünftig fänden. Hoffmann begründete dieselbe damit, dass so viel Missbrauch mit der Taufe und dem Abendmahl getrieben werde. Darum seien sie zu einem Bollwerk der Finsternis geworden. Wir bekämpften diese Begründung folgendermaßen: Wo in aller Welt berechtige der Missbrauch, der mit einer guten Sache getrieben werde, dazu, dass man den Nichtgebrauch einführe? Alles Gute und Göttliche werde missbraucht und müsste darum abgeschafft werden. Gott werde am meisten missbraucht und müsste deshalb abgeschafft werden. Und wie werde das Christentum missbraucht! Dann müsse man auch Essen und Trinken abschaffen, denn das werde auch missbraucht. Ichs sagte, Hoffmann würde es als sehr unpraktisch finden, wenn er nicht mehr essen und trinken sollte, weil andere mit Essen und Trinken so viel Missbrauch trieben. Überdies sei der Missbrauch von guten, göttlichen Dingen nur dadurch zu überwinden, dass man dafür den rechten Gebrauch einführe.

Trotz unseres Einspruchs wurde nach Hoffmanns Antrag Taufe und Abendmahl abgeschafft; wenn wir dies auch nicht hindern konnten, hatten wir doch so wenigstens unser Gewissen entlastet.

Auf der Heimreise in unser schlesisches Arbeitsfeld – es war im Juli 1877 – besuchten wir erst noch die Konferenz in Burkhardtsdorf in Sachsen, zu dem vor allem die sächsischen Anhänger der Tempelgesellschaft sich einfanden. Mein Freund Elser, auf den ich noch zu sprechen komme, hatte in Sachsen viel für die Tempelgesellschaft gearbeitet, und es war auch eine schöne Bewegung zustande gekommen. Auch Bulach, der Leiter der ganzen Tempelgesellschaft in Württemberg, kam zu dieser Konferenz. Dieser erklärte uns, er habe uns im Auftrage der Tempelleitung die Mitteilung zu machen, dass wir wegen unserer Stellung zur Tauf- und Abendmahlsfrage als Evangelisten abgesetzt seien. Er schien selbst innerlich bewegt, als er uns diese niederschmetternde Nachricht mitteilte, und suchte uns auch zu trösten, dass die Verfügung vielleicht rückgängig gemacht werden könne. Auch musste er unsere Arbeit anerkennen und gestand auch zu, dass durch uns schöne Arbeitsfelder erschlossen seien. Nur, meinte er, seien das eben nur kleinere Bewegungen, dagegen werde dadurch, dass Taufe und Abendmahl abgeschafft worden seien, der Tempel eine Weltbewegung werden. Als er das zu uns sagte, habe ich mich an den Kopf gefasst über diesen furchtbaren Wahn und zu mir gesagt: Wie geraten doch diese Leute aus einer Täuschung in die andere. Als sie Hardegg absetzten, sagte Paulus in Haifa: Es gingen noch so wenig Lehrer und Pastoren mit der Tempelgesellschaft, und daran sei Hardegg schuld. Wenn Hardegg entfernt sei, kämen die Lehrer, die Pastoren und die Pietisten, und Geld käme dann auch genug. Von allen diesen Hoffnungen hat sich keine erfüllt. Nach Hardeggs Ausscheiden traten weder mehr Lehrer noch mehr Pastoren noch mehr Pietisten der Gesellschaft bei, noch kam mehr Geld ein. Ach, dachte ich weiter, weil aus dieser Hoffnung nichts wurde, glauben sie jetzt, wenn sie Taufe und Abendmahl abschaffen, werde eine Weltbewegung daraus, und ich musste den Kopf schütteln über diesen Wahn. Längere Zeit später schrieb ich an einen der Söhne von Paulus, der damals die »Tempelwarte«, das Blatt der Gesellschaft, leitete: Ob denn jetzt dadurch, dass man Taufe und Abendmahl abgeschafft habe, der Tempel zu einer Weltbewegung geworden sei? – Ich schrieb ihm weiter: Es habe ja freilich eine Weltbewegung gegeben, nur nicht in der Weise, dass der Tempel die Welt bewegt habe, sondern die Welt habe das bisschen Tempel immer mehr in Bewegung gesetzt – er sei immer mehr Welt geworden!

Da Bulach uns über die Schwere des Absetzungsdekretes zu beruhigen suchte, kehrten wir wieder auf unser Arbeitsfeld zurück. Da lasen wir einige Zeit später in der »Tempelwarte«, dass Hoffmann seinen vernichtenden Bannstrahl auf uns losgelassen hatte. Wir waren in der Öffentlichkeit so schmählich dargestellt, dass wir moralisch vernichtet sein sollten. Aller unserer Ämter waren wir jetzt entsetzt, auch aus dem Ältestenausschuss ausgestoßen, auch des Evangelistenamtes enthoben und sollten sofort unsere Arbeitsfelder verlassen. Und warum? Nur weil wir uns sagten: Wer gibt einem Menschen, und wenn's Hoffmann ist, das Recht, Dinge, die Christus, der Sohn Gottes, eingesetzt hat, wie Taufe und Abendmahl, abzuschaffen?

Für den Augenblick hat mich dieser Bannstrahl in eine Lage gebracht, dass ich nicht mehr wusste, wo aus und wo ein. Da erinnerte ich mich daran, wie Gott mich aus den verzweifelten Lagen immer herausgerissen und gerettet hatte, wenn ich meine Zuflucht zu anhaltendem Gebet des Glaubens nahm. Ich wurde an die Strophe erinnert:

»Oft hat in tiefe Nacht er mich gebettet,
Und immer hat mein Glaube mich gerettet«.

Mehrere Tage ging ich in einen Wald, warf mich auf mein Angesicht und rang mit Gott um Licht. Ich fragte, warum doch Gott das über uns verhängt habe. Ich hielt Gott vor, dass wir doch unmöglich mit der Abschaffung von Taufe und Abendmahl einverstanden sein könnten; sonst hätten wir einer Gesellschaft angehört, die weder Taufe noch Abendmahl habe, und wären dann mitverantwortlich gewesen. Als ich so tagelang zu Gott schrie um Klarheit auch über meinen Weg, da wurde es auch wieder ganz licht. Ich wurde durch Licht von oben durch und durch überzeugt, dass ich mich jetzt von Hoffmann und seiner Gesellschaft trennen müsse. Als ich dieser Überzeugung folgte, bekam ich eine große innere Freudigkeit. Und mit dieser Freudigkeit verband sich eine solche innere Gewissheit, dass Gott schon für meinen Lebensweg gesorgt habe und ich nicht dafür zu sorgen brauche. Es ist nicht zu beschreiben, wie glücklich, froh und freudig ich mich fühlte, wieder meine völlige Freiheit von Hoffmann zu haben. Die Verbindung mit ihm und seiner Gesellschaft erschien mir jetzt als die größte Geistestyrannei und Sklaverei.

Zunächst verließ ich mein Arbeitsfeld und kam nach Dresden zu meinem alten Freund und Bruder, dem schon vorher erwähnten Christian Elser. Mit ihm verbanden mich eine Reihe gemeinsamer Lebensführungen. Ich lernte ihn als 18 jährigen Jüngling auf der Missionsschule kennen; er gehörte damals zu denjenigen, die einen dreimonatigen Ausbildungskursus mit durchmachten. Wie er mir später selbst erzählte, fühlte er sich schon damals zu mir, dem Älteren, besonders hingezogen. Er und sein Freund Albert Kurz wünschten sehnlichst, ich möchte in ihre Heimat als Evangelist versetzt werden. Gott fügte es, dass sich dieser Wunsch verwirklichte, und so arbeiteten wir vier, Elser, Kurz, ein gewisser Weiß und ich, gemeinsam in der Murrhardter und Meinhardter Gegend. Einige Jahre, bevor ich nach dem Osten kam; wurde Elser nach Sachsen geschickt, um dort für die Tempelgesellschaft neben seinem Handwerk – er war Tischler – als Evangelist tätig zu sein. Er selbst und die dortige Versammlung waren ganz zerschmettert, und sie konnten es nicht begreifen, dass ich so froh und glücklich war. Dass ich innerlich ganz getrennt war, sagte ich ihnen noch nicht, denn sie waren noch ganz auf Seite Hoffmanns. Nur eins war ihnen verdächtig, dass sie mir in ihrem schönen Männerchor immer wieder das Lied singen mussten: »Freiheit, die ich meine, die mein Herz erfüllt«.

Ich wartete in Dresden ruhig, bis auch Blaich sein Arbeitsfeld verlassen hatte und in Dresden angekommen war. An dem Tage der Ankunft Blaichs erzählte der Bruder, bei dem ich einquartiert war – er hieß Hachenberger – morgens beim Kaffeetrinken, er habe heute Nacht so einen sonderbaren Traum gehabt. Er sei im Traum in einem großen Amphitheater gewesen, wo die ganze Tempelgesellschaft versammelt war. In der Mitte stand ein großer beladener Wagen mit zwei Pferden als Vorspann. Die ganze Tempelgesellschaft war darauf gespannt, was die beiden Pferde mit ihrem Lastwagen machen würden. Auf einmal sah er, wie das Pferd, das zunächst bei ihm stand, mit den Augen aufblitzte und anfing, vorn und hinten auszuschlagen, das ganze Geschirr in Fetzen schlug und sich von dem Lastwagen freimachte; es rannte davon und ließ den schweren Lastwagen stehen. Plötzlich sah er, dass das andere Pferd es ebenso machte, alles zerschlug, sich freimachte und davonlief. Die Leute im Amphitheater hatten das Nachsehen.

Als ich diesen Traum erzählen hörte, dachte ich: Hurra, wenn dieser Traum sich wirklich erfüllt, dann wird Blaich es ebenso machen wie ich; ich bin das eine Pferd, das alles zerrissen und zerschlagen hat, was mich bisher an Hoffmann und seine Gesellschaft gebunden hatte. Da müsste es nun Blaich ebenso machen. Als aber Blaich ankam, hatte es zunächst gar nicht den Anschein, dass es mit ihm so gehen würde. Am ersten Tage war er außerordentlich niedergedrückt, sprach auch wenig. Erst am anderen Tage, als wir im Dresdner Tiergarten spazieren gingen, da fing er an, mir anzuvertrauen, dass er eine Reise nach Palästina machen und sich mit Hoffmann verständigen wolle. Als ich das hörte, sagte ich ihm: »Bruder Blaich, es ist wunderbar, wie Gott uns schon seit vielen Jahren zusammengeführt und auf eine Karte gesetzt hat. Wenn ich dir aber jetzt sage, was mit mir vorgegangen ist und wie es jetzt mit mir steht, so scheidet sich vielleicht unser Weg für immer. Ich habe es gemacht wie ein Soldat, ein Trommelschläger, der eine Freiheitsfahne in seiner Trommel versteckt hatte und der die Trommel eingeschlagen und die Freiheitsfahne aufgesteckt hat. Ich bin frei, ganz frei von Hoffmann und seiner Gesellschaft; aber ich kann dir versichern, Gott ist es, der mich auf heißes Gebet und Flehen freigemacht hat. Das ist mir zuteil geworden, wie durch eine Erleuchtung, und es sind mir auch alle die Gründe so klar geworden, warum ich mich jetzt trennen muss. Gottes Wort sagt: ‚Wo der Geist des Herrn ist, da ist Freiheit.« Wenn man aber bei einer Gesellschaft solche furchtbare Bannbullen erfahren muss, weil man sich die heiligsten, von Christus selbst eingesetzten Dinge, wie Taufe und Abendmahl, nicht nehmen lassen will, so ist das keine Freiheit des Geistes mehr, sondern päpstliche Sklaverei. Ich habe in meiner Heimat, im schönen Schwarzwald, für meinen Leib die schöne, freie Tannenluft eingeatmet und für meinen Geist die herrliche Möttlinger Luft bei Leuten wie Blumhardt und der Trudel, und da soll ich alter Knabe jetzt so moderige, stinkende Papstluft einatmen? Bruder Blaich, das tu ich nicht! Das Lied hat man uns nicht gesungen, als wir zur Tempelgesellschaft kamen, dass Hoffmann Taufe und Abendmahl noch abschaffen will und diejenigen, die nicht damit einig sind, mit solchen Bannstrahlen bedient.« Ich will nicht alle die Gründe anführen, die mir im Gebet aufgestiegen sind und die ich ihm gleich vorgehalten habe. Nur noch einen Grund will ich anführen, weil er bei Blaich von durchschlagender Wirkung war. Ich sagte ihm, es sei doch jetzt klar zu sehen, dass, wenn Hoffmann so fortmache, er dann seine ganze Gesellschaft ruinieren werde. Er mache sie geistlich zeugungsunfähig. Kein Evangelist könne da mehr etwas ausrichten, die Tempelgesellschaft könne auch keine Evangelisten mehr ausschicken. Ich sagte: Wenn diese Leute jetzt

Evangelisten ausschickten, könnten sie dieselben zu Heiden, Juden, Türken oder Christen aussenden, sie würden so wenig ausrichten, als ein Verschnittener zeugen könne. Dies hat sich auch buchstäblich erfüllt, die Tempelgesellschaft hat keinen einzigen Evangelisten mehr.

Dies wirkte bei Blaich dermaßen, dass er sogleich dieselbe Stellung einnahm wie ich. Wir waren beide entschlossen, nach Amerika zu gehen und dort dem Herrn weiterzudienen. Wir schrieben das den Geschwistern, unter denen wir die letzten zwei Jahre gearbeitet hatten. Als wir uns aber nach Reisepässen umsahen, bekamen wir Briefe auf Briefe aus unseren Arbeitsfeldern in Schlesien, Posen und Brandenburg, dass wir nicht fort dürften. Die Geschwister schrieben, sie seien überaus froh, dass wir uns von Hoffmann getrennt hätten. In den zwei Jahren, da wir in Norddeutschland gewesen seien, hätten sie es gar nicht begreifen können, dass zwei solche Männer wie wir, die so ganz und gar auf biblischem Boden ständen, mit einem so fadenscheinigen Rationalisten wie Hoffmann zusammengehen konnten. Wir sollten doch zurückkehren, man wolle sich zu einem selbständigen Verbande zusammenschließen und uns als Evangelisten desselben anstellen. Diesen Vorschlag erkannten wir als den von Gott gewiesenen Weg, und so wurden im Juli 1878 zu Lissa in Posen von den Brüdern Karl und Robert Leszczynski, Karl Leistert, dem Hausvater des Evangelischen Vereinshauses zu Lissa, und uns die Statuten dieses Vereins, des »Evangelischen Reichsbrüderbundes«, entworfen und festgesetzt. Seine Leitung lag in den Händen eines Brüderrates, der sich je nach Bedürfnis selbst ergänzte. Ihm gehörten bei der Gründung neben uns als Evangelisten Karl Leistert als Schatzmeister an, ferner die beiden Leszczynski, außerdem aus Lissa vier Gewerbetreibende, aus der Provinz Posen ein Gutsbesitzer, aus der Provinz Brandenburg ein Tischlermeister, aus Dresden

Elser, aus dem Regierungsbezirk Erfurt der Lehrer Leistert, der Bruder von Karl Leistert, sowie ein Kaufmann, und aus Württemberg ein Weingärtner, drei Handwerksmeister und die drei Lehrer Kötzle, Böhm und Stecher.

Wir beide waren unbeschreiblich dankbar für diese wunderbare Wendung, die es Gott mit uns nehmen ließ. Wie man schon aus der Zusammensetzung des Brüderrates sieht, waren wir jetzt mit einem schönen Kreis von Geschwistern verbunden. Nicht nur in Posen, Brandenburg und in Schlesien, sondern auch in Sachsen und in einem Teil des württembergischen Schwarzwaldes hatten sich verschiedene Kreise von der Tempelgesellschaft getrennt und unserem Brüderbund angeschlossen.

Denn Hoffmann blieb nicht dabei stehen, dass er Taufe und Abendmahl abschaffte, sondern bald darauf verwarf er auch die Gottheit Christi, auch die vorweltliche Existenz Christi und die Dreieinigkeitslehre, ebenso die Versöhnungslehre, wie man sie durch die ganze Christenheit hindurch auf Grund der Heiligen Schrift geglaubt hat.

Die Sache kann vielleicht durch eine Aussprache erklärt werden, die ich sechs Jahre darauf, im Jahre 1886, mit Christoph Paulus hatte. Von meinem Schulfreunde Keller, demselben, der durch Dorothea Trudel vom Krebs geheilt war, wurde ich damals nach Palästina eingeladen, unter den dortigen Deutschen zu missionieren, hauptsächlich unter denen, die sich von Hoffmann getrennt hatten. Auf dieser meiner zweiten Palästinareise traf ich in Jerusalem mit Paulus zusammen. Ich bekannte ihm offen, dass Hoffmanns überaus geschickt abgefasste Sendschreiben, die dieser von Palästina in die Heimat gerichtet hatte, weil sie den Verstand so sehr benebelten, meiner Vernunft einen solchen Stoß versetzt hätten, dass ich ihnen beinahe erlegen wäre. Da habe ich aber in Ötingers Schriften gelesen, die Offenbarung sei immer so eingerichtet, dass man sie nie ganz begreifen könne. Das, was ich an der Offenbarung mit meinem Verstand nicht begreifen könne, sei mir zur Prüfung vorgelegt, ob ich meinen Verstand unter Gottes Verstand beuge oder über Gottes Verstand erhebe und aufblähe. Aber wer seinen Verstand unter Gottes Verstand beuge, der glaube den Teil der Offenbarung, den er nicht verstehe, ebenso wie den, den er verstehe. Und damit beuge er seinen geschöpflichen Verstand unter Gottes Verstand.

Darauf gab mir Paulus zur Antwort, es sei ganz richtig, dass die Offenbarung über unseren Verstand gehe, aber sie sei nicht wider unseren Verstand. Es sei aber wider allen Verstand, dass ein Unschuldiger für die Schuldigen gestorben sei, und davon stehe auch kein Wort in der Bibel. Darauf sagte ich: »O, Herr Paulus, gerade davon ist die ganze Bibel voll! Petrus sagt, Christus habe gelitten, der Gerechte für die Ungerechten, und Jes. 53 heißt es, dass der Herr unser aller Sünde auf ihn warf, die Strafe liegt auf ihm, auf dass wir Frieden hätten, und durch seine Wunden sind wir geheilt. Wie er sein Leben zum Schuldopfer gegeben, steht dort so deutlich geschrieben.« Auch sagte ich ihm, dass der ganze alttestamentliche Opferdienst gesagt habe: »Sünder, entweder musst du nun um deiner Sünden willen sterben, oder du musst einen Stellvertreter haben, und der Stellvertreter muss an deiner Stelle sterben.« So habe schon der alttestamentliche Opferkultus diese Lehre der Menschheit vorgehalten: Alles muss durchs Blut gereinigt werden, und ohne Blutvergießen geschieht keine Vergebung. (Hebr. 9,22.) Paulus wusste darauf nichts zu antworten. Diese Unterredung zeigt, wie er und sein Schwager Hoffmann zur Versöhnungslehre standen.

Ehe wir den Abschnitt verlassen, halte ich es für passend, an dieser Stelle ein Wort darüber zu sagen, wie es gekommen ist, dass Hoffmann alle die großen Glaubenswahrheiten verlassen hat, Taufe und Abendmahl, die vorweltliche Existenz und Gottheit Christi, dass er behauptet hat, Jesus sei ein gewöhnlicher Mensch gewesen und habe sich nur durch Entwickelung so hoch hinaufgeschwungen, und dass er die Versöhnungslehre so ganz uneigentlich gemacht hat.

Denn ich wurde recht oft darüber befragt, wie es denn komme, dass ein Mann, der in seinem jüngeren Mannesalter so Großes gegen die Vertreter des Widerchristentums in Württemberg geleistet und nach manchen Seiten zu so großen Hoffnungen berechtigt habe, auf eine solche Bahn geraten konnte. Von anderen wurde diese Frage sehr verschieden beantwortet. Was mich betrifft, so bin ich klar und gewiss, dass die Ursache davon in erster Linie darin zu suchen ist, dass Hoffmann niemals die Tiefe des menschlichen Falles und des tiefen Verderbens und die Unfähigkeit und Ohnmacht des Menschen, sich selber herauszuhelfen, erkannt hat. Luther singt:

»Dem Teufel ich gefangen lag,
Im Tod war ich verloren;
Mein' Sünd' mich quälte Nacht und Tag,
Darin ich war geboren;
Ich fiel auch immer tiefer drein,
Es war kein Gut's am Leben mein,
Die Sünd' hat mich besessen.

Mein' guten Werk', die galten nicht,
Mit ihnen war's verdorben,
Der freie Will' hasst Gott's Gericht,
Zum Guten ganz erstorben;
Die Angst mich zur Verzweiflung trieb,

Da nichts denn Sterben bei mir blieb,
Zur Hölle musst' ich sinken.«

Ein jeder, der das menschliche Verderben so tief erkennt, wie es Luther hier schildert, der braucht einen Versöhner und Erlöser. Aber von dieser bis auf den Grund gehende Erkenntnis des tiefen Elends des Menschen habe ich bei Hoffmann nie etwas gesehen und gehört, trotzdem ich doch jahrelang bei ihm als Zögling in die Missionsschule ging. Darum sah und erkannte er in Christus weder den Versöhner noch Erlöser. Christus sank bei seiner Auffassung bei ihm zum bloßen Vorbild herab. Er und Paulus lehrten geradezu, Christus sei alles, was er geworden sei, durch Entwickelung geworden, und wenn die Bibel lehrt, dass Christus der ins Fleisch gekommene Gott ist, so lehrte er umgekehrt, Christus sei aus einem Menschen ein Gott geworden, ohne dass er es selbst merkte, wie das viel mehr wider alle Vernunft geht als die Dreieinigkeitslehre. Dieselbe war für ihn etwas »Hirnverrenkendes«. Vielleicht ohne dass er es merkte, lief seine Lehre auf eine Zweieinigkeit hinaus. Da hatte man einen alten Gott, der von aller Ewigkeit her war, und einen jungen Gott, der erst 1800 Jahre alt ist; dieser existierte zuerst als ein Gedanke, wurde dann wie jeder andere ein Mensch und wurde dann durch Entwickelung Gott. Das sollte dann nicht so »hirnverrenkend« sein! Aber diesem Vorbild hätten wir nachzustreben. Christus sei das Muster, nach dem wir uns zu bilden und zu entwickeln hätten. Von dem Entwickelungsgedanken waren er und Paulus ganz besessen. Und natürlich wird man auf diese Weise sein eigener Gott und Erlöser. Ich darf ja Jesus nur als mein Vorbild nehmen, als weiter nichts! Aber darin liegt auch so ein maßloser Hochmut. Es ist der Hochmut, der sich selber zum Gott macht, indem er sich selbst erlöst und sein eigener Erlöser ist, indem er ganz aus eigener Kraft, aus sich selbst heraus sich bis zur Gottähnlichkeit wie Christus auch entwickelt.

Zwar habe ich je und je, namentlich während meiner Evangelistenzeit, die größte Unruhe über die Lehre des Tempels gehabt, weil mich besonders bei Fällen von Besessenheit oder wenn Menschen arg in Verzweiflung über ihre Sünden waren, die Lehre des Tempels im Stich ließ. Da bin ich einmal als jüngster unter den Evangelisten zu unseren Leitern Hoffmann, Hardegg und Paulus gegangen und habe ihnen bekannt, dass ich über die Lehre des Tempels in einem Punkt so sehr unruhig geworden sei. Ich habe gefunden, dass man gegen satanische Mächte gar nichts ausrichten könne, ohne dass man ganz auf dem Boden von Golgatha und dem Blut Christi stehe. Da stehe mir immer der Gedanke da: wo man nicht einmal einen Teufel austreiben könne ohne Christum, den Gekreuzigten, wie wolle man dann die Menschheit umwandeln und aus der Gewalt der Sünde und des Satans herausbringen, wenn man Golgatha ganz umgehe, wie man es in der Tempelgesellschaft mache! Ich sagte weiter: wenn Himmel, Erde und die ganze Menschheit wiederhergestellt und alles neu sein werde und man frage: Wer hat das gemacht?, so werde man sagen, dass die Kraft, die das alles gemacht habe, Golgatha gewesen und von Christus, dem Gekreuzigten, gekommen sei.

Als ich das zu Hardegg sagte, da lief er eine Zeitlang scharf im Zimmer hin und her, dann stand er stille, ganz in sich versunken, und sagte auf einmal sehr wehmütig: »Geh dort hinüber und sag das diesen zwei Schulmeistern – er meinte Hoffmann und Paulus –, von dem verstehen die nichts. Das, was vom Gekreuzigten ausgeht, ist das beste Pulver; aber behalte es für dich und wende es an!«

Ich ging zu Hoffmann und Paulus und sagte ihnen dasselbe über meine Unruhe, was ich zu Hardegg gesagt hatte. Beide erwiderten kein Wort und blieben still. Später, als ich mich von ihnen getrennt hatte, wunderte ich mich selbst darüber, dass ich mich über diesen wichtigen Punkt damals wieder beruhigen konnte. Für mich selbst machte ich schon damals besonders in der Seelenpflege und bei schwer Angefochtenen vom Gekreuzigten und vom Blute Christi ausgiebig Gebrauch.

### *13. Der Evangelische Reichsbrüderbund und unsere Arbeit in und mit demselben*

Als wir nunmehr von Hoffmann und der Tempelgesellschaft getrennt waren und der Reichsbrüderbund zustande gekommen war, mussten wir beim Rückblick auf das alles erkennen, welch eine wunderbare, herrliche Führung Gottes das für uns war. Auf der einen Seite mussten wir sehen, dass, wenn wir bei der Tempelgesellschaft geblieben wären, wir ebenso wenig arbeiten und für den Herrn hätten Mission treiben können wie die Tempelgesellschaft, die von der Zeit an keine Missionstätigkeit mehr in Deutschland trieb und treiben konnte und sich auf die Kolonisationstätigkeit in Palästina beschränken musste. So wäre auch unsere geistliche Tätigkeit zum Untergang und Begräbnis verurteilt gewesen. Die andere Seite war uns ebenso groß und anbetungswürdig: Gott hatte uns jetzt ein großes, weites Feld, viel größer, als wir es früher in Württemberg hatten, gegeben, eine so große offene Tür, den Herrn und sein Evangelium zu verbreiten, dass unsere Missionstätigkeit durch die schwere Tempelkrisis und den Bannstrahl auch keinen Augenblick unterbrochen wurde und die Leute noch ein umso größeres Vertrauen zu uns hatten, als wir nicht mehr mit Hoffmann verbunden waren. Diejenigen Geschwister, an denen der Herr unsere Arbeit segnete, empfahlen uns weiter an einen anderen Geschwisterkreis, und auf diese Weise wuchs unser Arbeitsfeld über Schlesien, Posen und Brandenburg hinaus, wir fanden in Pommern und Westpreußen Eingang und wurden schließlich auch von Belgarder Geschwistern nach Ostpreußen empfohlen. Infolgedessen hielt ich Versammlungen in Königsberg, Tilsit und Memel. Es gab eine so herrliche Bewegung, dass diese ostpreußischen Geschwister eine Bittschrift an unseren Brüderrat richteten, man solle mich ganz in Ostpreußen als Evangelist lassen. Dieser Bitte wurde zunächst nur insoweit entsprochen, dass ich auf noch unbestimmte Zeit dort weiter arbeiten solle. Bald aber wurde ich dauernd in Ostpreußen stationiert. Die Veranlassung dazu war folgende: Ich hielt einige Tage in Heiligenbeil Versammlungen und wollte mich nach einem Wohnsitz in Ostpreußen erkundigen, ehe ich meine Sachen nach Ostpreußen bringen konnte. Da sagte man mir, ich solle noch einen Tag dort bleiben und einer reichen Gutsbesitzerin, einer Frau Döpner, die Freude machen, an der Feier ihres Geburtstages teilzunehmen. Diese verlief in solchem Segen, dass die Familie darauf bestand, ich müsse bei ihr in Station bleiben. Meine Bedenken wussten sie zu zerstreuen, indem sie sagten, sie seien fest davon überzeugt, dass ich ihnen und sie mir von Gott gegeben seien. Und so hat es sich in der Tat auch die ganze Zeit über erwiesen, die ich dort zubrachte Sie hießen mich eben ihren ältesten Sohn – ich stand damals am Ende der dreißiger Jahre –, und ich fühlte mich auch wie in einem Elternhause. Es wurde in allem aufs Beste für mich gesorgt. Nur über eins waren sie unzufrieden, dass ich so sehr wenig zu Hause war, weil ich fast das ganze Jahr über auf den Arbeitsfeldern herumreiste, die sich uns an allen Ecken und Enden auftaten.

Denn wir bekamen so viele Einladungen, dass wir lange nicht allen gerecht werden konnten. Mehrmals wurden wir auch nach Russland eingeladen; aber solche Einladungen konnten wir gar nicht mehr annehmen, denn wir waren damals nur zu zweit, während die gesamte Arbeit sich über verschiedene Teile Deutschlands erstreckte. Neben Württemberg hatten wir auch im nördlichen Bayern eine Zeitlang ein Arbeitsfeld; ebenso bildeten sich in Sachsen durch unsere Arbeit einige Versammlungen. Nach einigen Jahren bekamen wir doch auch einige Mitarbeiter; so zog im Jahre 1883 Elser von Dresden nach Zinten, um mit uns als Evangelist zu arbeiten, zunächst neben seinem Berufe, später gab er diesen ganz auf. Auch entwickelten sich manche erweckte Brüder so gut, dass sie die Gemeinschaft am Orte pflegen konnten. Aber im Ganzen hatten wir sehr unter dem Mangel an Mitarbeitern zu leiden. Das benützten andere Gesellschaften, indem sie sagten: »Ihr könnt nur Leben wecken, aber nicht die durch euch entstehenden Gemeinschaften pflegen, weil ihr keine Gemeinschaftspfleger habt. Deshalb müssen wir diese Gemeinschaften an uns ziehen und unsere Pfleger hineinstellen.« Und so rissen sie unsere Arbeitsfelder an sich, obgleich wir mit ihnen in brüderlicher Harmonie zusammenarbeiten wollten. Dies trieb uns dazu, dass wir auch in diesem Stück unsere Zuflucht zum Gebet nahmen. Wir baten Gott darum, uns doch mehr Mitarbeiter zu geben, damit unsere Arbeit nicht immer wieder so zerrissen werden könne. Auf das Gebet hin gab uns Gott auch welche. Aber wir hatten doch deren immer noch zu wenig für die vielen Arbeitsfelder, und immer wieder suchten die anderen Gesellschaften sich in unsere Arbeit hineinzudrängen, wodurch viel Spaltung und Zerrissenheit angerichtet wurde. Dies trieb mich einmal dazu, dass ich fast die ganze Nacht mit Gott rang, er solle uns doch auch einmal eine namhafte Summe Geldes geben, dass wir noch mehr Evangelisten anstellen könnten. Am Tage darauf kamen zwei Eheleute und sagten mir, es sei ihnen klar geworden, sie sollten uns jedes Jahr 10 000 Mark geben, dass wir Evangelisten anstellen könnten. Da habe ich auch geweint vor Freude und vor Dank für diese schnelle Gebetserhörung, die mich doch noch überraschte, obwohl ich sehr ernstlich mit Gott gerungen hatte. Dadurch konnten wir seitdem nicht weniger als 14 Evangelisten anstellen, die meistens im Johanneum in Barmen ausgebildet sind; so viele hatten wir wenigstens vor Ausbruch des Krieges in der Arbeit stehen.

Ich möchte hier einen Wunsch aussprechen. Alle, die dieses lesen, möchten doch von ganzem Herzen darum bitten, dass Gott diese gebefreudigen Leute segnen und ihnen ihre Tat vergelten möchte. Der eine Teil dieser Eheleute ruht schon beim Herrn in der Ewigkeit, und wir wissen nicht, wie lange der andere Teil noch am Leben ist. Aber ich bin oft so von dieser Opferfreudigkeit bewegt und möchte alle Leser dieser Zeilen aufs Herzlichste bitten, auch ihre Bitten zum Herrn zu schicken, dass er diesen Leuten ihre Tat in alle Ewigkeit vergelten möchte.

Ein Grund, weshalb unsere Tätigkeit sich schnell über so weite Kreise in Deutschland verbreitete, ist ohne Zweifel darin zu suchen, dass Gott das Wort und Zeugnis, das wir verkündigten, auch bekräftigt hat durch mitfolgende Zeichen. Er gab an vielen Plätzen, wo wir Eingang fanden, sichtbare Gebetserhörungen und Gebetssiege, mitunter an Wunder grenzende Heilungen und Befreiungen bei Besessenen und Kranken aller Art. Durch diese Erfahrungen und besonders durch die klaren, unzweideutigen Aussprüche der Heiligen Schrift wurden wir mit vielen anderen Gotteskindern immer mehr davon überzeugt, dass solche Verheißungsworte wie: »Wer an mich glaubt, der wird dieselben Werke tun, die ich tue, und wird noch größere tun, denn ich getan habe«, für alle Zeiten und auch für unsere Zeit noch in voller Kraft stehen, und dass unser Heiland den Befehl, den er seinen Jüngern gab: »Machet die Kranken gesund, treibet die Teufel aus usw.« niemals zurückgenommen hat, und wir uns mit der ganzen Gemeinde Gottes darüber zu beugen haben, dass dieser Befehl jahrhundertelang durch die Sünden, Untreue und Kraftlosigkeit seiner Gemeinde vernachlässigt wurde oder nicht mehr verwirklicht werden konnte. Darum erkannten wir es auch als eine besondere Aufgabe unserer Zeit, alle gröberen und feineren Banne aufzusuchen und wegzuräumen, welche den Geist Gottes betrüben und die Gemeinde Christi ihrer ursprünglichen Kräfte berauben oder das Eindringen in diese Kräfte verhindern. In die Lauterkeit, Reinheit und Heiligung wahrer Propheten- und Jüngerherzen einzudringen, welche Gott mit sich selbst und mit seiner Fülle erfüllen kann, wurde von uns als eines der schreiendsten Bedürfnisse im Reiche Gottes gefühlt. Zwar waren wir bei weitem nicht imstande, das biblische Ideal, das uns immer vor Augen stand, zu verwirklichen. Wir ließen aber nicht ab, unablässig danach zu trachten und daran zu arbeiten, dass wir und die ganze Gemeinde Gottes zu der Heiligung, zu der Gemeinschaft mit Gott, zu den Gaben und Kräften, wie sie in der ersten Zeit der Christenheit vorhanden waren, wieder durchdrängen. Wir sagten uns: wenn wir dieses Ziel auch jetzt noch lange nicht erreichen, so muss es doch als Ziel aufgestellt und verfolgt werden. Denn wir waren durch und durch davon überzeugt, dass die Kirche so vieles verloren hat, was sie im Anfang besaß, weil sie das Ziel immer niedriger steckte, als Christus und die Apostel es gesteckt haben. Darin erkannten wir eine Ursache, dass so viele Geistesbewegungen wieder im Sande verlaufen sind. Wenn man sich ein niedriges Ziel steckt, so hat man das bald erreicht, und dann steht man still, und auf den Stillstand gibt's bald Rückgang. Es ist aber unendlich viel gewonnen, wenn man sich wieder voll und ganz das Ziel steckt, wie es uns von den Propheten, von Christus und den Aposteln gesteckt worden ist. Denn da darf man dann nicht stille stehen, weil ein so hohes Ziel nicht von heute auf morgen erreicht wird. Wir waren von der Überzeugung erfüllt, dass, wenn die Kirche von ihrem Abfall wieder gehoben und zur Heiligung und Kraft der ersten Gemeinde zurückgekehrt sein wird, sie dann die Geistesgaben 1. Kor. 12 und die Liebe 1. Kor. 13 wieder besitzen wird. Es wäre einseitig, nur nach der Liebe zu trachten, wie sie 1. Kor. 13 beschrieben ist; aber ebenso einseitig, ja gefährlich wäre es, nur nach den in 1. Kor· 12 geschilderten apostolischen Geistesgaben zu trachten und die Liebe nicht zu besitzen.

Hier sei einiges nachgeholt über die Richtlinien unseres Brüderbundes, wie wir sie in unseren Statuten festgelegt haben. Über den Namen desselben wird in unserem ersten Blatte, dem »Flugblatt des Evangelischen Reichsbrüderbundes«, folgendes gesagt: Unser Bund nennt sich »Evangelischer« Reichsbrüderbund, weil wir an das Evangelium glauben und überzeugt sind, dass die Menschheit nur durchs das Erlösungswerk Jesu Christi befreit werden kann, welches Christus durch sein vollgültiges Versöhnungsopfer, sein heilig Leben, Leiden, Sterben, Auferstehen, Himmelfahrt und Ausgießung des Heiligen Geistes den Menschen nahegebracht hat. Er nennt sich »Reichs«-Brüderbund, weil wir an die baldige Wiederkunft Jesu Christi zur Aufrichtung seines Königreiches glauben und an die Vollendung seines Werkes, so wie es die Propheten geschaut und er selbst und seine Apostel verkündigt haben. Als Grundlage des Bundes wird in den Statuten in § 1 die Bibel bezeichnet, als Zweck in § 2 die Ausbreitung eines biblischen Christentums innerhalb der Landeskirche. Als Mittel dazu (§ 3) bedient sich der Bund der Abhaltung von öffentlichen Bibel- und Erbauungsstunden, Verbreitung christlicher Schriften, Aussendung geeigneter Mitglieder als Evangelisten und der Bildung von Lokalvereinen. In den Erläuterungen zu den Statuten wird besonders darauf hingewiesen, dass ohne die Mitwirkung des Heiligen Geistes jede Wirksamkeit durch Wort oder Schrift nichts sei und dass daher das Gebet als ein Hauptmittel von allen Mitverbundenen in Anspruch genommen werden müsse nach der Anweisung von 2. Thess. 3, 1 und Kol. 4, 3.

Die Verbindung unter den Mitgliedern hielt von 1878 bis 1886 das schon erwähnte »Flugblatt des Evangelischen Reichsbrüderbundes« aufrecht, das etwa vierteljährlich, je nach Bedürfnis erschien. Beiträge dazu lieferten außer Blaich und mir Karl und Robert Leistert, Kötzle, Stockmayer und andere, darunter auch G. D. Hardegg aus Palästina. Dieser hatte sich schon, bevor wir unseren Brüderbund gegründet hatten, mit einem größeren Geschwisterkreis in Palästina von der Tempelgesellschaft getrennt und freute sich, nun mit uns in Verbindung treten zu können. Er lud uns, d.h. Blaich und mich, auch des öfteren ein, ihn und die dortigen Geschwister zu besuchen, um dabei auch unter ihnen zu evangelisieren. Ich komme noch darauf zurück, wie dadurch die ersten Anfänge zur Karmelmission gelegt wurden.

Im Jahre 1786 wurde statt des Flugblattes der wöchentlich erscheinende »Gemeinschaftsbote« von uns zusammen mit Chrischona-Evangelisten herausgegeben. 1889 konnten wir in Königsberg ein eigenes Blatt erscheinen lassen, ebenfalls wöchentlich, den »Evangelischen Brüderboten«, der heute noch das Blatt des Reichsbrüderbundes ist. Mit seiner Expedition ist seit einer Reihe von Jahren eine Schriften-Niederlage verbunden.

Erfuhr so unser Reichsbrüderbund eine immer größere Verbreitung, sodass er sich schließlich über Teile von Ostpreußen, Westpreußen, Posen, Pommern, Brandenburg,

Schlesien, Sachsen, Württemberg und Bayern erstreckte, so haben wir doch im Laufe der Jahre erkannt, dass es besser ist, wenn man seine Arbeit nicht auf so viele Orte ausdehnt, dass man sie nicht mehr ausreichend pflegen kann; daher haben wir uns an vielen Stellen zurückgezogen, um da, wo wir arbeiten, umso intensiver tätig sein zu können. Wie schon erwähnt, wurden auch manche Arbeitsfelder, die erst von uns aufgeschlossen waren, von anderen Reichsgottesarbeitern und Gesellschaften besetzt, die nicht dem Worte des Apostels nachfolgten: »Und ich habe mich sonderlich beflissen, das Evangelium zu predigen, wo Christi Namen nicht bekannt war, auf dass ich nicht auf einen fremden Grund bauete.« (Röm. 15, 20.)

Das war besonders auch in Ostpreußen der Fall. Immerhin haben wir dort noch ein schönes Arbeitsfeld mit drei Evangelistenstellen. Versammlungen haben wir vor allem in und um Königsberg, in Bartenstein, Pr.-Eylau, Barten, Schippenbeil, Cranz, Dirschau und an anderen Orten.

In der Provinz Posen nahm die Arbeit auch einen guten Fortgang. Der Herr gab schöne Erweckungen, sodass jetzt sechs Evangelisten in der Provinz Posen in der Arbeit stehen. Außerdem dienen auch eine Anzahl Brüder in Ostpreußen und Posen neben ihrem äußeren Berufe in der Abhaltung von Versammlungen und in der Seelenpflege.

Nach Pommern wurde Blaich gerufen durch einen Bruder, der später in der Provinz Posen als unser Evangelist tätig war. Die Arbeit begann sehr klein. Blaich hat, als er dorthin kam, an etwa acht Orten, wo schon eine schöne Vorarbeit bestand, Versammlungen halten können. Gott hat aber die Arbeit von Blaich so gesegnet, dass die Erweckungsbewegung, die durch ihn entstand, sich immer weiter verbreitete, sodass ich etwa zehn Jahre später, als ich diese Arbeit weiter pflegte, zwei bis drei Monate lang fast an jedem Abend an einem anderen Orte Versammlung halten konnte. Durch eine Anzahl gläubiger Pfarrer und Laien wurde die Arbeit fortgesetzt und organisiert zum jetzigen Pommerschen Brüderbunde.

Sachsen und Bayern besuchten Blaich und ich von unseren Stationen im Osten Deutschlands aus alle Jahre. In Sachsen hat es Gott so geführt, dass sich die drei Gemeinschaftskreise Philadelphia, kirchliche Vereinigung für Gemeinschaftspflege und der Reichsbrüderbund zu einem großen sächsischen Gemeinschaftsverbande vereinigt haben.

In meiner Heimat, dem württembergischen Schwarzwald, wird jetzt unsere Arbeit von drei dort stationierten Evangelisten fortgeführt. Den eigentlichen Mittelpunkt unserer ganzen Arbeit auf dem Schwarzwald bildet Neuweiler, mein Geburtsort; dort ist eine der größten Versammlungen. Um ihn herum ist eine ganze Anzahl anderer Versammlungen.

Ehe ich diesen Abschnitt über den Reichsbrüderbund verlasse, möchte ich doch noch den jüngeren Evangelisten, Arbeitern und Mitgliedern des Reichsbrüderbundes, die diese Erinnerungen lesen, etwas ans Herz legen. Von den Mitbegründern des Brüderbundes leben ja nur noch sehr wenige; ich wünsche aber von Herzen und bitte zu Gott, dass sich alle jüngeren Brüder des Bundes, ob Evangelisten oder Mitglieder, nie das Ziel niedriger stecken möchten, als wir es bei der Gründung des Bundes im Auge hatten. Herzlich wünsche ich, dass die Jüngeren nicht in ihren Zielen und Kräften hinter den Alten zurückbleiben, im Gegenteil dieselben an Leben, Licht, Geist und Kräften weit überholen möchten, damit der Herr viel Herrlicheres und Größeres durch sie tun kann, als durch die alten Brüder geschehen ist.

## 14. Die Karmelmission

Aus dem Reichsbrüderbund ist auch die Karmelmission hervorgegangen. Das Interesse für das Heilige Land blieb bei uns natürlich bestehen, auch als wir nicht mehr dem Tempel angehörten, und, wie schon erwähnt, wurden die Beziehungen noch dadurch enger, dass Hardegg mit dem Geschwisterkreise, der ebenfalls mit dem rationalistischen Tempel nicht mehr mitgehen konnte, uns im Geiste die Hand reichte. Noch enger schlossen sich die dortigen Geschwister nach Hardeggs Tode an uns an, da ihnen mit ihm ihr geistiges Haupt entrissen war. Mein Schulfreund Keller, der uns 1879 seinen Tod mitteilte, schrieb am Schlusse seines Briefes:

»Für seine Freunde hier ist der Verlust, der sie durch den Tod ihres Lehrers und väterlichen Freundes getroffen, sehr schmerzlich, umso mehr als sie in einem Lande wohnen, wo geistige Nahrung selten ist. Es ist ihnen deshalb ein großer Trost, mit dem Brüderbund bekannt zu sein, und wünschen sie sich immer mehr mit ihm verbinden zu können.«

Zwei Jahre später, im Jahre 1881, gab Gott die Mittel, dass Blaich den dringenden Bitten der dortigen Geschwister Folge leisten und eine Missionsreise nach Palästina antreten konnte. Von dieser Reise aus sandte Blaich einen Aufruf aus Haifa am Karmel an alle Mitglieder des Reichs-Brüderbundes, indem er sie zur Gründung einer Missionsstation auf dem Karmel aufforderte. Er schrieb:

»Liebe Geschwister! Die meisten Geschwister unseres Reichs-Brüderbundes wissen, dass ich von einer Anzahl Brüder in Palästina, die mit uns auf gleichem Glaubensgrunde stehen und mit allen Gläubigen in brüderlicher Gemeinschaft leben wollen, dieses Frühjahr zu einem Besuch eingeladen worden bin. Dieser Einladung bin ich gefolgt. Ich reiste am 10. Oktober von Württemberg ab und kam nach glücklicher Fahrt am 23. Oktober in Jaffa an, wo ich mich acht Tage aufhielt. Am 31. Oktober fuhr ich nach Haifa, wohin ich in sechs Stunden per Schiff glücklich ankam.

Da ich wegen meines kurzen Aufenthaltes hier noch keinen Bericht von diesem Lande geben kann, so möchte ich indessen die lieben Geschwister auf einen wichtigen Missionsposten aufmerksam machen. – In der heißen Sommerszeit ist es für viele Personen in diesem Lande und auch in Ägypten nicht nur ein Bedürfnis, sondern sogar eine Notwendigkeit, eine Luftveränderung vorzunehmen und die Bergluft aufzusuchen. Da aber die Gelegenheit dazu nur auf dem Libanon bei den Drusen und Maroniten kümmerlich und sehr teuer zu haben ist, so würde einem großen Bedürfnisse entsprochen, wenn hier mitten im Lande eine Zufluchtsstätte für leidende und geschwächte Personen geschaffen werden könnte. Keine Gegend wäre so geeignet dazu wie der Karmel, an dessem nördlichen Fuße, zugleich am Meere, die Stadt Haifa und die deutsche Kolonie liegt, sodass mit der Luftkur sehr leicht Seebäder könnten genommen werden.

Das Wichtigste aber, was ich dabei ins Auge fasse, wäre die Mission unter den Orientalen. Sobald ein solches Luftkurhaus da wäre, so würden auch sogleich Leute aus Jerusalem, Jaffa, Port Said, Alexandrien, Kairo usw. kommen, und was für seine schöne Gelegenheit hätte man da, das Evangelium in alle Gegenden des Morgenlandes auszubreiten! Wir dürften bloß dafür sorgen, dass die geeigneten Leute hinkämen und das Haus zugleich eine geistige Zufluchtsstätte würde, wie Heinrichsbad und Bad Boll. Wäre es nicht an der Zeit, dass wieder etwas jenem Altar Entsprechendes auf dem Berge Karmel gebaut würde, wie zur Zeit Elia, und den Morgenländern gezeigt würde, welches der rechte Gott sei?

Meine Bitte an euch, liebe Geschwister, ist die, diesen wichtigen Missionsposten Gott im Gebet vorzutragen, und wenn er Wohlgefallen daran hat, woran ich nicht zweifle, so wird er die Sache in die Hand nehmen. Es würde mich sehr freuen, wenn der liebe Heiland unserem Reichsbrüderbunde im Heiligen Lande auch eine kleine Missionsstation anvertrauen würde. Unter seiner Leitung, die wir ihm gleich von jetzt an übertragen wollen, wird sie sicherlich viel Segen stiften, und wir könnten auch durch diese Gelegenheit den lieben Missionsarbeitern im Heiligen Lande hie und da einen stärkenden Aufenthalt bieten, dass sie nicht zur Erholung nach Europa reisen müssen.«

Blaich hielt sich während seines achtmonatigen Aufenthaltes hauptsächlich am Fuße des Karmels auf. Von den sieben deutschen Kolonien, die sich nach und nach in Palästina angesiedelt hatten, war dort eine der größten und schönsten. Diese Kolonie besuchte in der Zeit, als Blaich dort war, auch der durch seine Waisenhausgründungen bekannte Georg Müller aus Bristol. »Er hielt«, wie Blaich schrieb, »13 Vorträge im Speisesaal des Hotel Karmel, wo ich auch logierte. Zwei Abende erzählte Herr Müller, was Gott durchs Gebet an seinen Waisen getan. Gott gab ihm nicht nur das Geld zum Bau der Häuser für seine 2000 Waisen und die 2300 Mark, die er täglich für dieselben brauchte, sondern noch Millionen zur Gründung von Schulen, Unterstützung der Missionen, der Bibel- und Traktatgesellschaften.«

Solche Mitteilungen waren für uns auch eine Glaubensstärkung; wir fuhren fort mit den Geschwistern in Palästina, Gott auch wegen der Karmelmission um die nötigen Mittel anzugehen.

Ein Jahr später schon, 1883, konnte uns Keller, der zu einem kurzen Besuche in Deutschland weilte, mitteilen, dass die Geschwister in Haifa gegen 600 Morgen Land in schönster Lage auf der Nordseite des Karmels gekauft hätten. Dieses angekaufte Land war aber durchaus unkultivierter Boden, der erst urbar gemacht werden musste. Da aber die Kolonisten schon gewohnt waren, wildes, verödetes Land in Kultur zu setzen, so gingen sie frisch und freudig an die Arbeit, um nun auch dort oben, auf dem so großartig und herrlich gelegenen Karmelland den Boden zu kultivieren. Sofort aber trat ein gänzlich unerwartetes Hindernis in den Weg, das nur, wie wir im Folgenden sehen werden, durch Beten und Rufen zum Allmächtigen beseitigt werden konnte.

Als die deutschen Kolonisten daran gingen, eine Straße von der Kolonie zu dem neuerworbenen Lande zu bauen, stellte sich alsbald das katholische Kloster, das sogenannte Karmelkloster, mit aller Entschlossenheit und Macht dem entgegen. Es stellte Beduinen und Araber mit geladenen Flinten an den Platz, wo die Straße gebaut werden sollte, mit dem Befehl, die Deutschen niederzuknallen, wenn sie es wagen sollten, die Straße noch weiter zu bauen – »die lutherischen Ketzer sollen und dürfen nicht auf den heiligen Karmel«. – Was jetzt tun? Guter Rat war teuer! Der an dieser Sache interessierte Teil der Kolonisten kam zu einer Beratung zusammen, und man brachte die ganze Angelegenheit im Gebet vor Gott, um von ihm Rat und einen Ausweg zu erbitten. Da wurde ihnen klar und gewiss, dass sie sich zunächst an die zuständige Behörde wenden und bei derselben ihr gutes Recht suchen müssten. Einer der Brüder meinte, das sei schon recht, aber man müsse bedenken, dass man das Recht in diesem Lande oft teuer bezahlen müsse. Die Brüder beruhigten sich jedoch über diesen Punkt, indem sie glaubten, Gott werde auch für das hierzu nötige Geld sorgen.

Während man noch im Beratungszimmer beisammen war, kam vor dem Hause ein Haufen Araber vorüber, in

Staub gehüllt und mit lautem Getöse und Geschrei, in deren Mitte zwei Maultiere eine Leiche trugen. Es war die Leiche eines deutschen Edelmannes, der auf einer mit seiner Gattin unternommenen Palästinareise zwischen Nazareth und Haifa plötzlich gestorben war. Die Edelfrau, welche die Leiche ihres Mannes mittelst dieses Zuges Araber nach Haifa gebracht hatte, ließ sogleich den Konsul ins Hotel kommen; sie war aufs Tiefste erschüttert. Der Konsul sorgte dafür, dass ihr Mann auf dem deutschen Kolonialkirchhof begraben werden konnte, und soviel ich weiß, wurden bei der Beerdigung auch trostreiche deutsche Lieder gesungen und tröstende Worte gesprochen. Als nun dies alles vorbei war, lud die Witwe den Konsul auf ihr Zimmer und wollte demselben zum Dank für seine Bemühungen 30 000 Mark (oder Franken?) schenken. Der Konsul nahm das Anerbieten nicht an und erklärte der Dame, er hätte doch nur seine Schuldigkeit getan; aber er blieb doch nicht ganz Herr seiner Gefühle, und es kamen ihm Tränen in die Augen, als die Dame hieran erwiderte, sie nehme das Geld nicht mehr zurück, und wenn er es nicht für seine Person annehmen wolle, so solle er das Geld für irgend einen humanen Zweck verwenden.

Da sie nun die nassen Augen des Konsuls sah, sagte sie: »Herr Konsul, warum weinen Sie?« Da dachte er, es sei das Beste, der Dame offen zu erzählen, in welchem Kampf mit dem Karmelkloster er stehe, und wie er sich gerade erinnere, wie vor wenigen Tagen bei der Beratung sie den Trost bekamen, Gott würde ihnen das Geld zur Durchführung des Prozesses schon besorgen. Das trat ihm aufs Lebhafteste in Erinnerung, und er sagte nun der Dame offen, wenn sie das Geld nicht mehr zurücknehme, so sehe er es als eine Gebetserhörung an und als ein Geschenk von Gott, das Geld dazu zu verwenden, den Kampf um das Recht, die Straße auf den Karmel zu bauen, führen zu können. Die Dame erwiderte darauf: »Herr Konsul, gehen Sie nach Hause und schreiben Sie ein Legat. Schreiben Sie aber 31 000 Mark (oder Franken); ich sehe, Sie brauchen es, und mir geht's leichter in meiner Rechnung!« Das war allen diesen Brüdern seine große Stärkung des Glaubens. Es war für sie ein göttliches Zeichen und Angeld, dass Gott ihnen die käuflich erworbene Fläche auf dem Karmel schenken und den Bau der Straße ermöglichen würde. Aber die Schwierigkeiten, die sich auch jetzt noch in den Weg stellten, erwiesen sich viel größer, als man vermuten konnte. Es entspann sich zwischen dem Kloster und dem Konsul ein so großer Kampf – es war, wie wenn die Hölle sich verschworen hätte, es zu verhindern, dass wir nicht an den Karmel hinaufkommen sollten. Hat die Hölle vielleicht geahnt, welch ein Werk Gottes auf dieser herrlichen, großartig schönen Stelle beginnen sollte? – Trotzdem der Kampf im Prozess, den wir nun führen mussten, schon etwa zwei bis drei Jahre dauerte, und trotzdem die 31000 Mark (oder Franken) bis auf 7000 Mark (oder Franken) hierbei verschlungen worden waren, war man noch nicht im Geringsten von der Stelle gerückt. Das Karmelkloster hatte Hunderttausende daranzusetzen – und so konnte der Konsul nicht zu seinem Rechte kommen.

In dieser Zeit wurde ich ebenso wie früher Blaich von dem dortigen Geschwisterkreis und auch vom Konsul gerufen, nach Palästina zu kommen und unter den alten Bekannten und Geschwistern zu missionieren. Bald nachdem ich auf der Kolonie ankam, unternahm der Konsul mit mir eine Reise in das Land Galiläa, in das Land Kabul, das Salomo seinem Freunde Hiram zum Geschenke anbot. Wir waren etwa fünf Tage auf der Reise. Mein Freund, der Konsul, zeigte mir seine in diesem und durch diesen Kampf ergrauten Haare mit der Bemerkung, dass er sie lediglich dadurch bekommen habe und ein Ende des

Kampfes noch nicht absehbar sei. Ich sagte ihm, dass es mir nun klar sei, warum mich Gott zu ihm geführt hätte. Ich habe auch schon einige Male in meinem Leben in ähnlichen Sackgassen gesteckt und Gott habe mir durch das Wort Jos. 5, 13-15 den Weg gezeigt, um aus denselben herauszukommen. Es wurde mir gezeigt, wie Josua vor der starken Festung Jericho war, aber bevor diese Festung fallen und in seine Hände kommen sollte, stand der Engel mit gezücktem Schwerte vor ihm. Josua fragte, was ihm der Engel damit sagen wolle, dass er sein Schwert blank gegen ihn gezogen hatte. Die Antwort war: »Ziehe deine Schuhe aus von deinen Füßen, denn der Ort, darauf du stehest, ist heilig!« Gott hat mir durch dieses Wort gezeigt, dass er seine Knechte hin und wieder ebenso vor ein Jericho führt, wie Josua vor Jericho stand, wo er sein Schwert gegen sie zückt, d.h. wo sie auf ganz heiligen Boden treten müssen, wo sie alles Unheilige bis auf den Grund richten, durchrichten und abtun müssen, und wo auch Gott Dinge, die er bis jetzt geduldet, nicht mehr duldet, und wo eine bis auf den Grund gehende Säuberung und Reinigung des Sinnes, des Gewissens und aller Lebensgebiete notwendig ist, wenn Gott ihnen den Sieg geben soll. Als ich auf diese Bedingung einging, da erst hörte Gott mein Gebet, und mein Jericho ist gefallen; jetzt erst gab Gott den völligen Sieg auf das Gebet.

Ich sagte meinem Freunde: »In derselbigen Lage bist du. Jetzt mache es auch so; richte alles Unheilige, was du in der Vergangenheit und in der Gegenwart hast, durchsuche dein ganzes Geschäftsleben, dein Familienleben und alle Lebensgebiete. Und wo etwas nicht licht ist, das als ein noch so feiner Bann das Gebet wirkungslos und unerhörlich machen könnte, das tue hinweg und reinige dich bis auf den Grund davon. Dann wollen wir zusammen beten, und du wirst sehen, dass Gott mit dem Karmelkloster fertig und dir den Sieg geben wird.« Mein Freund sagte: »Du hast recht« und ging auf alles das ein.

Wir kamen dann täglich oft zwei-, oft dreimal in seiner Kanzlei zum Gebet zusammen und legten die ganze Sache Gott hin. – Ich weiß nicht mehr, wie lange Zeit wir so beteten und rangen; aber jetzt trat ein Zustand ein, jetzt fühlte ich so stark und so deutlich, dass Gott uns erhört habe, und ich konnte meinem Freund sagen: »Wir sind erhört, ich kann fast nicht mehr dafür beten, so gewiss weiß ich es, wir sind erhört!« Aber das, was unmittelbar darauf folgte, schien meine Ahnung Lügen zu strafen, denn die Sache lag jetzt vor dem Wali (Statthalter von Syrien) in Damaskus, und anstatt den Prozess zu gewinnen, hatte Keller denselben eklatant verloren. Ich beharrte aber darauf und sagte: »Ich weiß gewiss, Gott hat uns erhört; wie er es macht, das werden wir schon sehen.«

Wie durch eine wunderbare Führung Gottes hörte ein Dragoman der deutschen Gesandtschaft in Konstantinopel diese ganze Angelegenheit. Er wurde so warm für dieselbe, dass er sie dem deutschen Gesandten in Konstantinopel unterbreitete. Dieser wiederum unterbreitete sie in eingehender Weise dem damaligen Reichskanzler Fürst Bismarck, und nunmehr verwendete sich dieser mit seiner gewohnten Energie bei der Hohen Pforte, dass sie doch den Deutschen ihr Recht verschaffen möchte, diese Straße zu ihrem Grundstück bauen zu können.

Die nächste Folge davon war die, dass die Pforte zwei Spezialgesandte nach dem Karmel schickte, um zu untersuchen, auf welcher Seite das Recht bzw. das Unrecht sei. Diese beiden Spezialgesandten erkannten sofort, dass es vom Karmelkloster seine schmähliche, schimpfliche Ungerechtigkeit sei, den Deutschen den Bau einer Straße zu ihrem Grundstück zu verweigern. Nun kam von der Hohen Pforte in Konstantinopel ein Telegramm an das Karmelkloster mit der Weisung, dass es sofort die Deutschen ihre Straße bauen lassen solle. Jedoch es zeigte sich, welche Macht das Kloster in diesem Lande hatte, sodass es die Unterbeamten zu beeinflussen wusste, dass die Deutschen die Straße trotz des Befehls immer noch nicht bauen durften.

Nunmehr wandte sich Fürst Bismarck direkt an den Papst, der den Ordensgeneral dieses Klosters nach dem Karmel sandte, um die Sache zu untersuchen. Und auch dieser erkannte sofort, dass die Karmelmönche den Deutschen ein gar zu schmähliches Unrecht antaten, als dass sich dies Deutschland, Bismarck und die deutsche Regierung gefallen lassen könnten, und berichtete in dieser Weise an den Papst. Daraufhin kam durch ein Telegramm vom Papst selbst an das Kloster der Befehl, sie sollten sofort den Deutschen die Straße freigeben. Das wirkte wie eine Bombe! – Da wagten sie natürlich nicht mehr, den Kampf länger zu führen, und, um nicht ihr Prestige zu sehr zu verlieren, boten sie vom eigenen Besitztum noch größere Stücke unkultivierten Landes in der Nähe der Straße zum Kauf an für den Preis von 7000 Franken. Es ist wunderbar, dass hierzu gerade noch 7000 Franken von den 31 000 Franken übrig waren. Das war im Jahre 1887. Durch den so geschehenen Verlauf der ganzen Sache wurde man – wenn man Kleines mit Großem vergleichen darf – in etwas an den großen Kampf und Sieg des Elias, den er einst auch auf dem Karmel über die Baalspriester davongetragen hatte, erinnert.

Aber es war uns dazumal auch ganz klar, dass eine Stätte, um welche solch ein Kampf entbrannt war, eine Bestimmung von Gott haben und dass er eine Absicht mit diesem Platze haben müsse. Auch durften wir wieder sehen, was Gott auf das Gebet von ein paar armen Schluckern tut, wenn sie in ein radikales Selbstgericht eingehen und alles bis aufs gründlichste hinwegräumen, was irgend ein noch so feiner Bann sein könnte. Er hat auf unsere Gebete drei große

Mächte in Bewegung gesetzt, um uns den Sieg zu verleihen, die deutsche, die türkische und die Papstmacht selbst.

In dieser Zeit, als ich dort ankam und meinen Freund Keller diesen Kampf auskämpfen helfen durfte, kam auch die Dame, welche die 31 000 Franken zwei oder drei Jahre vorher gegeben hatte, wieder aus Deutschland nach der Kolonie und wollte das Grab ihres Mannes besuchen, – sie war durch den Tod ihres Mannes in tiefe Schwermut versunken. Der Konsul wusste sie zu bewegen, dass sie in meine Andachten kam, die Gott an ihr segnete, sodass sie von ihrer Schwermut befreit wurde. Sie sagte an dem Tage, wo sie in einer meiner Versammlungen zum Glauben kam, wir sollten ihr zu einer Arbeit auf der Kolonie verhelfen; sie könne jetzt noch nicht nach Deutschland zurück. Sie sei nicht geisteskrank, auch nicht leiblich krank, aber gemütskrank gewesen, und sie sei durch den Glauben von dieser Gemütskrankheit befreit worden. Es scheint, dass sie fürchtete – weil ihre Verwandten eben auch mehr der liberalen, ungläubigen Richtung angehörten –, dass sie nach ihrer Rückkehr ihren Glaubensstandpunkt wieder verlieren und in ihre alte Schwermut zurücksinken könnte; darum wollte sie vorläufig auf der Kolonie bleiben und wünschte, dass wir für eine entsprechende Tätigkeit für sie Sorge trügen. Diesen Wunsch richtete sie sowohl an mich als auch an den deutschen Konsul; aber keiner von uns war imstande, ihr eine solche Tätigkeit vorzuschlagen.

Es ereignete sich nun, dass sie einen Bericht über meine Reise las und auch eine Beschreibung dieses Karmels in einem Missionsblatte, an dem wir dazumal Anteil hatten. Ich fühlte mich getrieben, in diesem Blatte den christlichen Kreisen in Deutschland vorzuhalten, dass die Art, wie Gott hier den Sieg gegeben und auch der großartig schöne Platz in so besonders gesunder Lage – es sei einer der gesündesten Plätze in Palästina – uns klar gezeigt habe, dass von dieser

Stätte aus Missionswerke getrieben werden sollten; schon wegen seiner so überaus schönen und gesunden Lage eigne er sich ganz vorzüglich für eine Krankenanstalt. Ich begründete diesen Gedanken damit, dass man durch das Evangelium allein auf die Araber nicht viel wirken könne, wenn es nicht von Liebeswerken begleitet wäre; wenn man aber ein Haus hätte, wo man ihre Kranken aufnehmen und behandeln könnte, würde man leichter Eingang bei dieser Bevölkerung finden. Als die Dame dies wie von ungefähr las, da sagte sie uns gleich, dass sie jetzt eine Arbeit gefunden habe, sie wolle gerade ein solches Haus ins Leben rufen. Sie sagte unter anderem: »Solche, die in demselben Elend sich befinden, in welchem ich gestanden habe, laufen noch viele in der Welt herum, und was mir geholfen hat, kann anderen auch helfen. Darum will ich eine solche Stätte auf dem Karmel bauen.« Auf diese hier beschriebene Weise hat also unsere Karmelmission den Anfang genommen.

Jedoch nach diesen herrlichen Gebetserhörungen kamen Schwierigkeiten und Hindernisse ganz anderer Art, an die man weder gedacht noch sie erwartet hatte. Es war jetzt sozusagen nur die Grundlage erkämpft und errungen, auf welcher unsere Karmelmission begründet werden und sich entfalten konnte. Von jetzt ab, wo das große Stück Land auf dem Karmel durch das Gebet des Glaubens erkämpft und die Dame auch auf diesem Land ein Karmelheim gebaut hatte für göttlich-religiöse Zwecke, Mission u. dergl. bis zu dem gegenwärtigen Stand unserer Karmelmission gab es sehr viele Schwierigkeiten und neue Gebetskämpfe, die wir jetzt unmöglich eingehender mitteilen können. Wir müssen uns darauf beschränken, in kurzen Zügen hierüber wenigstens noch etwas bekannt zu geben.

Wenn wir zurückblicken bis auf jene Zeit, in welcher das Karmelkloster auf den Befehl des Papstes die Straße auf den Karmel freigeben musste, so erscheint es uns, als ob die Hölle all ihre List und Macht aufgeboten habe, um zu verhindern, dass oben auf dem Karmel etwas Göttliches aufkommen solle, eine Mission, ein Erholungsheim im Sinne unserer Erholungsheime, wie wir solche in Deutschland, der Schweiz usw. haben. Es schien auch zeitweise, als ob die Hölle gesiegt habe und als ob es ihr gelungen sei, das Werk des Herrn ganz lahmzulegen. So wurde auch das Haus, in welchem in der ersten Zeit besonders Martin Blaich von Zeit zu Zeit eine gesegnete Arbeit treiben durfte, seinem Zweck, für welchen es gebaut wurde, wieder entrissen; es ging der Bestimmung, der es dienen sollte, verloren. Obwohl wir die weitere Geschichte dieses Hauses und was aus demselben geworden ist, ganz übergehen müssen, so dürfen wir doch nicht unerwähnt lassen, was unser teurer, allverehrter, nun bei dem Herrn ruhender Bruder Blaich in diesem Hause zu verschiedenen Zeiten gearbeitet hat.

Wie oft derselbe von Deutschland her nach dem Karmel gereist ist, und wie lange seine Tätigkeit jedes Mal in diesem Hause währte, ist dem Schreiber dieses zwar nicht mehr gegenwärtig, aber von verschiedenen Seiten durften wir immer wieder hören, dass seine Tätigkeit im Hause selbst und in der Kolonie immer von tiefem, reichem Segen begleitet war.

Besondere Erinnerung verdient auch, dass Bruder Blaich ganz erfüllt war von dem Gedanken, auf dem Karmel jüngere Brüder zu erziehen und heranzubilden, um sie nachher unter den Arabern arbeiten zu lassen.

Zu diesem Zweck ließ er mehrere Brüder aus Deutschland zu sich auf den Karmel kommen, welche die arabische Sprache lernen sollten, um dann unter den Eingeborenen wirken zu können.

Wenn es auch als ein Sieg der List und Macht der Finsternis erscheint, dass dieses erste Haus für eine solche Arbeit verloren ging, wie Bruder Blaich sie in demselben getan hat, so ist aus diesem Sieg doch nur ein Scheinsieg der Finsternis und statt dessen ein Sieg Jesu geworden, indem Gott uns nun in dem jetzigen Karmelheim etwas viel Geeigneteres, Größeres und Schöneres gegeben hat, wo die von Bruder Blaich begonnene Arbeit wieder aufgenommen und weitergeführt werden kann.

Das ist in folgender Weise geschehen: Im Sommer 1903 kam die Dame von Palästina zu mir nach Teichwolframsdorf und bestürmte mich aufs Äußerste, ich müsse nach Palästina. Das Karmelheim, zu dem sie doch das Geld gegeben habe, und das doch auch eine Zeitlang ein Segen war, sei auf einen toten Strang geraten. Ich solle nach Palästina reisen, damit das Haus wieder in Gang gesetzt werde und dem Zweck dienen könne, für den es eigentlich bestimmt worden sei und wofür sie das Geld ausgegeben habe. Ich sagte ihr, das sei ganz ausgeschlossen, sie sehe doch, wie mein ganzes Haus voller Menschen sei, diese könne ich doch nicht einfach verlassen und eine Palästinareise machen. Da ging sie traurig weg und reiste nach Ostpreußen zu Bruder Blaich in Preuß.-Bahnau und wusste Bruder Blaich dafür zu gewinnen, dass er bereit war, diese Reise zu machen. Aber wie er sich reisefertig machen wollte, starb er; er stand in hohem Alter. Ich reiste nach Ostpreußen zu seinem Begräbnis. Als ich aber auf der Rückreise in Berlin dem Zuge entstieg, stand die Dame wieder da und sagte, jetzt müsse ich doch nach Palästina und bot mir eine schöne Summe Reisegeld an. Von dem Gedanken, dass ich diese Reise nicht machen könne, wurde ich durch eine Vorstellung, die mir meine Schwägerin machte, kuriert: »Du sagtest schon einige Male, dass unsere Mitarbeiter sich alle aufreiben, wenn sie nicht einmal eine Erholung fänden; die Arbeit ist zu groß gewesen. Aber du sähest keinen Weg, wie wir uns erholen könnten. Du siehest ja nicht, dass Gott durch diese Palästinareise einen solchen Weg machen will. Jetzt nimm deine Frau und reise mit ihr nach Palästina und schließe einige Monate das Haus, dann können wir uns alle erholen.«

Das leuchtete mir sofort ein. Meine Frau und ich reisten nach Palästina, zwei Freundinnen meiner Frau begleiteten uns.

Erst wie ich in Palästina war, sah ich, wie es gekommen war, dass das Karmelheim auf ein totes Geleise geraten war. Nämlich mein Freund Konsul Keller hatte einen Schulfreund, der auch mein Schulfreund war, veranlasst, ein schönes Hotel in der Nähe des Karmelheims zu bauen. Dieser ging auch darauf ein. Unser Schulfreund leitete das Hotel so gut, dass es einen großen Ruf bekam. Aber weil Keller ihm versprechen musste, dass ins Karmelheim nur Gäste aus den deutschen Kolonien in Palästina kommen dürften, war das Karmelheim tot für Gott und seine Sache. Wie sollte es seinem Zweck dienen, wenn keine Menschen mehr dorthin kommen durften!

Ich sagte zu meinem Freund, dem Konsul: »Siehst du nicht, dass du Gottes Werk totgemacht hast durch dein Versprechen, dass nur mehr Kolonisten aus Palästina das Haus besuchen dürfen?« Er sagte: »O, ich weiß wohl, ich weiß wohl, und es reut mich auch so viel, als ich Haare auf dem Kopfe habe. Aber was kann ich jetzt mehr machen? Ich habe mein Wort gegeben und kann es nicht mehr zurückziehen.« Ich sagte ihm: »Wenn du darüber wirklich wahre Reue hast, so kann Gott die Sache wieder ändern, wo du nichts mehr ändern kannst. Die Hand des Höchsten kann alles ändern, und es ist das Vorrecht Gottes, dass er unsere dümmsten Streiche wieder gutmachen kann, wenn wir uns darüber beugen und wahre Buße tun und auch mit ganzem Ernst darum bitten. Und jetzt wollen wir uns ebenso wieder jeden Tag in deiner Kanzlei im Gebet vereinigen, wie früher um den Karmelsieg.« Er war gleich damit einig. Wir kamen gerade so wie früher zusammen, und ich beugte mich mit ihm, wie wenn ich diesen Fehler begangen hätte. Wir baten Gott, auch wo wir keinen Weg sähen, die Sache rückgängig zu machen.

Als wir eine Zeitlang gebetet und uns vor Gott ernstlich gebeugt und um einen Weg gebeten hatten, dieses Verhältnis zu ändern, da wurde die Frau des Hotelbesitzers schwer krank. Wir beteten auch für sie, der Herr möge sie wieder aufrichten; sie wurde auch wieder gesund. Aber jetzt sagten die beiden Hotelbesitzersleute, sie müssten das Hotel verkaufen, weil, obwohl die Frau wieder gesund sei, ihre Kraft so gebrochen sei, dass sie das Hotel nicht weiterführen könne. Gleich waren auch zwei Käufer da, ein Engländer und ein Amerikaner. Da sagte ich zu meinem Freund: »Siehst du nicht, dass Gott jetzt die Sache so gelenkt hat, dass das Hotel für uns reif ist? Du darfst das nicht geschehen lassen, dass es an den Engländer oder Amerikaner kommt. Wir müssen es kaufen. Denk einmal, wenn wir zwei Häuser haben, das schöne Hotel und das Karmelheim, da rentiert es sich, einen rechten Gottesknecht heraufzusetzen. Da kann man dann ein schönes Missionswerk treiben unter Türken, Arabern und Juden, auch ein Kranken- und Erholungsheim einrichten.

Mein Freund gab zur Antwort: »Das ist zu wahr und zu herrlich, aber wo die 60 000 Franken hernehmen, die das Hotel kostet?« Ich sagte ihm: »O, die bitten wir Gott ab, der hat Geld wie Heu.« Und wir beide und auch meine Frau fingen gleich an, um die Mittel zu bitten oder uns einen Weg zu zeigen, wie das Hotel zu dem beschriebenen Zweck in unseren Besitz komme. Als wir einige Tage um das alles gebetet hatten, wurde mir klar, dass es zuerst nötig sei, den Hotelbesitzer zu bitten, dass er mit dem Verkauf seines Hotels nur auch vier Wochen zuwarten möchte, damit wir solange Zeit hätten. Ich durfte ihm ja nicht sagen, dass ich keine andere Aussicht habe, Geld zu bekommen, als durchs Gebet. Aber er willigte gleich ein, mir diese Frist von vier Wochen zu gewähren. Als wir wieder einige Tage gebetet hatten, da kam meiner Frau in einer Nacht eine solche Unruhe und die Aufforderung, dass wir an Pfarrer Schneider schreiben müssen, der dazumal Pfarrer in Sachsen war, von dem wir wussten, dass er ganz im Geist und im Herrnstand und ein warmes Herz für die türkische und arabische Mission hatte und auch die Mittel besaß, das Hotel zu erwerben. Wir schrieben auch gleicht an ihn, er müsse telegraphieren, weil sonst die Zeit von vier Wochen verstreichen müsse, ehe seine Antwort ankomme. Da telegraphierte er auch vor Ablauf der vier Wochen, er kaufe das Haus; wohin er das Geld schicken solle; er sei darauf vorbereitet, Brief folge. In diesem teilte er mit, dass er in der Neujahrsnacht das Losungsbuch aufgeschlagen und das Neujahrslos für sich und seine Frau bekommen habe, er solle ziehen, der Herr werde mit ihm sein. Und wie er meinen Brief bekam und auch das Losungsbüchlein aufschlug, sei ihm das gleiche Wort wiedergegeben worden. Und so kam Pfarrer Schneider mit seiner Familie und übernahm das schöne Hotel. Das ist im Jahre 1903 geschehen. Seitdem hat es sich bewiesen, dass Pfarrer Schneider ganz der von Gott gegebene Mann war. Diese Mission auf dem Karmel wurde unter seiner Leitung so gesegnet, und wir sehen auch darin eine Ursache für Gottes Segen, dass er so sehr lauter und selbstlos ist und zu den Männern gehört, von denen Jethro sagt: »Männer, die dem Geiz feind sind«. Darum konnte ihn Gott so segnen.

Gott hat es aber bald so geführt, dass er das Hotel mit 15 000 Fr. Nutzen verkaufen konnte. Auf dem Karmel gab es nämlich ein prächtig gelegenes Stück Land, das früher Bruder Blaich gehört hatte; es befand sich in viel schönerer und günstigerer Lage als das Hotel. Gott half uns, dass wir auf diesem Platz eins solches Missionshaus erbauen konnten, das sowohl recht praktisch eingerichtet als auch schön gebaut ist; es ist eine Zierde für die ganze Umgegend.

Wenn wir auf die Zeit vom ersten Anfang der Karmelmission zurückblicken und an die vielen Schwierigkeiten denken, die es in der ersten Zeit durchzukämpfen gab, dann müssen wir nur staunen und aufs Tiefste Gott danken und dafür anbeten, wie wunderbar Gott durch alle diese Schwierigkeiten durchgeholfen hat und das ganze Werk segnete und wachsen ließ. Gott hat dem Pfarrers Schneider auf dem Karmel einige so lautere, aufrichtige und tüchtige Mitarbeiter gegeben und hat auch die äußeren Sorgen, die wir im Anfang hatten, uns abgenommen, indem er immer das Nötige gegeben hat, das zur Unterhaltung und für unsere Arbeitskräfte auf dem Karmel nötig ist.

Pfarrer Schneiders Arbeit ist eine dreifache. Er leitet die ganze Arbeit einschließlich des Erholungsheims, sodann missioniert er unter den Juden, deren immer viele im Hause als Erholungsgäste aus und ein gehen, und ebenso unter Mohammedanern.

Unser Bruder Heinrici ist einer seiner hervorragendsten Mitarbeiter. Seine Schule wird von über 200 Kindern besucht, die den verschiedensten Völkerschaften angehören, wie Arabern, Türken, Drusen, Persern, Maroniten. Er zeigte uns auch, wie wir Mitarbeiter bekommen können. Wir gedachten zuerst, auf dem Karmel eine Evangelistenschule für die Eingeborenen einzurichten. Das ist uns bis jetzt noch nicht gelungen. Aber Gott hat uns einige Evangelisten für diesen Zweck geschenkt, z.B. unseren Bruder Bulus, der uns in folgender Weise zugeführt wurde:

Während des italienisch-türkischen Krieges musste Bulus, der türkischer Soldat war, die ganze Zeit als Wachtposten bei unserem Missionshause stehen. So oft er konnte, besprach er sich mit Pfarrer Schneider und den anderen Brüdern über das Christentum. Das führte dazu, dass er sich ganz für Gott entschied. Als der Krieg zu Ende war, kam er gleich und bot sich als Mitarbeiter an. Dazu eignet er sich sehr gut, denn er ist ein gebildeter Türke, von Beruf ein Lehrer. Er hat wirklich das Zeug zu einem Evangelisten unter den Landesbewohnern und eine solche Freiheit, dass er sogar in den türkischen Kasernen das Evangelium schon verkündigt hat, was sonst eine gefährliche Sache ist.

Aber auch unter den deutschen Kolonisten haben wir einige ausgezeichnete Mitarbeiter, z. B. Gärtnereibesitzer Bruder Mader, der der Tempelgesellschaft angehörte, und sonstige treue Brüder.

## *15. Die Entstehung unserer Erholungsheime in Preuß.-Bahnau und Teichwolframsdorf*

Es mögen ungefähr 25-30 Jahre gewesen sein, da sagte Elser zu mir: »Jetzt bist du gezwungen, dich auch noch zu verheiraten. Deine Leute in Preuß.-Bahnau, die dir so lange Zeit ein so trautes Heim gegeben haben, werden ihren schönen Altensitz verkaufen und zu ihrem Sohn ziehen.« Dieser hatte nämlich ein viel größeres Gut bei Königsberg gekauft. »Da hast du kein Heim und keine Verpflegung mehr, und Gott hat immer so wunderbar dafür gesorgt, dass du von Württemberg an zu Leuten geführt worden bist, die dich verpflegt haben, wie du's in einer Familie nicht schöner haben konntest. Wenn du das auf einmal vermissen musst« – ich war jetzt schon 50 Jahre alt –, »so wird dir das in deinem Alter unerträglich sein.« Das wollte mich beinahe in Eifer gegen meinen Freund versetzen. Ich sagte ihm: »Es scheint, dass du nur an eine Seite denkst und die andere vergessen hast: dass immer, wenn ich einen Posten verlassen musste, ich mich nicht ein einziges Mal um einen anderen Posten zu bekümmern hatte, sondern Gott in der herrlichsten, wunderbarsten Weise für eine neue Stellung gesorgt hat. So ist's ganz gewiss auch jetzt wieder. Wenn die lieben Geschwister Döpner, an denen ich alles, was man von Eltern haben kann, hatte, von hier wegziehen, so hat Gott ganz gewiss schon wieder für einen neuen Platz gesorgt, ohne dass jetzt gleich ans Heiraten gedacht werden muss. Und wenn ich das Gott nicht zutrauen würde, so wäre dies das schändlichste und schmählichste Misstrauen gegen unseren Gott nach so vielen wunderbaren Erfahrungen seiner Treue und Fürsorge.« Von dem Heiraten wollte ich darum gar nichts wissen, weil ich dachte, ich hätte meine Arbeitsfelder weit über Deutschland zerstreut, da der Brüderrat beschlossen hatte, Blaich sollte im Sommer in Württemberg, Bayern, Sachsen, Posen, Pommern und Ostpreußen die Arbeitsfelder pflegen und ich desgleichen im Winter. Da dachte ich, entweder müsse ich meine schöne, große Tätigkeit beschränken, wenn ich heiraten würde – und ich war selig und glücklich in dieser Arbeit –, oder aber es hätte die Familie nichts von mir; und was wäre das für ein Familienleben, wenn der Hausvater die meiste Zeit im Jahre nicht zu Hause wäre!

Aber Gott führte es ganz anders, als ich dachte. Er sorgte schon Jahre voraus für mein Alter, wo ich nicht mehr hätte reisen können, in der Weise, dass, wenn ich jetzt auch altershalber nicht mehr reisen kann, ich dennoch eine große Tätigkeit habe und dieselbe gute Verpflegung dabei, wie ich sie früher hatte. Das ging auf folgende Weise zu: Eines Tages kamen meine lieben Hauseltern, Herr und Frau Döpner, zu mir und sagten, sie hätten eine sehr wichtige Sache mit mir zu besprechen. Ihr Sohn habe ein großes Gut gekauft, und die Verhältnisse erforderten es jetzt, dass der Vater zu ihm ziehe, der ein Landwirt aus dem »ff« war, um ihm bei der Bewirtschaftung dieses Gutes behilflich zu sein. Das nötige sie, jetzt ihren schönen Altensitz, den sie für ihr Alter eigens gebaut hätten, zu verkaufen. Es sei ihnen aber ein so schrecklicher Gedanke, diesen schönen Altensitz an weltliche Hände zu verkaufen, weil während meines etwa 25 jährigen Dortseins er für sie wie ein Heiligtum geworden sei durch das, was Gott in dieser Zeit getan habe, indem öfters, wenn ich von meinen Reisen zurückkehrte, Kranke, Leidende, Angefochtene, Besessene bei mir Hilfe gesucht hätten. Durch das alles, was der Herr an diesen Elenden auf Gebet und Seelenpflege hin gewirkt habe, seien auch sie so in die Tiefe des Glaubens geführt worden. Darum sei es ihnen schrecklich, dass dieses Haus, das dadurch geheiligt worden sei, an Weltleute verkauft werden solle. Aber es sei ihnen ganz klar geworden, dass sie mir auf irgend eine Weise den ganzen Altensitz übergeben sollten, und ich solle dann das Haus ganz dem Zweck weihen, dem es durch mein Dortsein teilweise schon gedient habe. Es solle eine Anstalt werden, wo alle Arten von Kranken, Elenden, Angefochtenen aufgenommen werden könnten. Zuerst wies ich das schlankweg ab, weil ich mir sagte, dieses schöne Anwesen – es waren Wirtschaftsgebäude und etwa 26 Morgen Wiesen, Ackerland und Gärten dabei – könne ich nicht übernehmen, weil ich keine Schulden machen wolle und dürfe. Und betteln oder kollektieren dürfe ich auch nicht. Sie sagten mir einen Grund, weshalb sie es mir nicht ganz schenken könnten; den ich verschweigen muss. Aber sie gäben es mir so billig, dass es ein Kindskauf sei und ich gut darauf bestehen werde. Bei allem Denken, Beten und Überreden wurde es mir doch klar, dass es der Weg war, den Gott mich führen wollte. Ich durfte für alles zusammen, die Villa, das Arbeiterhaus, die Wirtschaftsgebäude, Gärten, Wiesen und Felder nicht so viel bezahlen, als sie allein das neue Haus gekostet hatte, sodass alles andere geschenkt war. Auf diese Weise verkauften sie das Anwesen an mich. So war das, wo ich so lange

Jahre meine Heimat hatte, mein eigener Besitz geworden, in dem ich ein Erholungsheim einrichten konnte.

Da schrieb ich an Bruder Blaich, der damals in Palästina auf dem Karmel war, dass er jetzt Palästina verlassen, nach Bahnau kommen und mir helfen solle, dieses Haus zu einer Krankenanstalt zu machen. Ich erinnerte Blaich daran, dass er auf meiner allerersten Station, wo ich als Evangelist in Württemberg stationiert war, schon ein solches Erholungsheim einrichten wollte, das deshalb nicht zustande kam, weil er verlangte, ich solle auch die Hälfte Zeit im Heim bleiben. Mir war es aber auf Gebet hin ganz klar geworden, dass so ein junger Mensch wie ich mich nicht in eine Anstalt hineinsetzen dürfe, sondern zu reisen, das Evangelium zu verkündigen und lebendige Gemeinschaften zu bilden habe. Das sei damals meine Aufgabe gewesen. Es sei mir aber ganz klar und gewiss, dass das, was Gott damals noch nicht wollte, er jetzt wolle, da wir beide älter geworden, dass er ein solches Haus im Norden haben wolle, wie man es im Süden in Cannstatt, Hauptweil, Männedorf, Remismühle usw. habe.

Blaich war sofort damit einverstanden und sah es auch als Gottes Willen an. Durch seine damalige Lage war er auch ganz dafür vorbereitet. Aber er schrieb mir, ob nicht einige Schwestern, vielleicht gläubige Diakonissen, die tief im Herrn und im Glauben ständen, mit in das Haus eintreten könnten, damit wir beide nach wie vor nicht gehindert seien, in die vielen Versammlungen zu reisen und sie zu pflegen. Die Schwestern sollten in unserer Abwesenheit den Dienst an den Kranken übernehmen. Da konnte ich ihm sagen, dass gerade zwei solche Diakonissen da seien, die recht im Geist ständen und bereit seien, in die Arbeit mit einzutreten.

Hier muss ich nachtragen, dass schon im Jahre vorher der Herr an mich herantrat und mir zeigte, dass es jetzt sein Wille sei, dass ich mich verheiraten solle, und ich habe mich zuerst mit Händen und Füßen dagegen gesträubt. Etwa 1 ½ Jahr später wurde ich von einem Gutsbesitzer eingeladen, in seinem Hause einige Tage lang Versammlungen zu halten. Vor meiner Rückreise nahm er mich vor und sagte: »Bruder Seitz, ich kenne dich schon seit zehn Jahren. Und ich habe dich nur aus dem Grunde nicht früher eingeladen, weil ich's zwar nicht gerade verschworen, aber mir so fest vorgenommen hatte, keinen Zölibater (Unverheirateten) mehr hier eine Versammlung halten zu lassen. Aber vor einem Jahre hörte ich dich eines Abends in einer Versammlung. Und alles, was du da vorgetragen hast, hat mich so erfasst und war mir zu so großem Segen, dass ich gleich dachte, da machst du eine Ausnahme und lädst ihn ein, trotzdem er ein Zölibater ist. Aber ich nahm mir auch gleich vor, dich vor die Flinte zu nehmen, wie es kommt, dass ihr beide, Blaich und du, unverheiratet seid, obwohl du jetzt 50 Jahre alt bist.« Er hielt mir eine Anzahl Gründe vor, nach welchen doch jeder junge Mann verbunden und verpflichtet sei, eine Familie zu gründen. Und wenn er das nicht tue, so müssten schon ganz besondere göttliche Gründe vorliegen. Das alles, was er mir vorhielt, war recht gewichtig und einschneidend, sodass ich einige Tage sehr angefochten war. Zunächst sagte sich diesem Bruder, dass ich auch nie mit einem Gedanken gedacht habe, dass der ledige Stand heiliger sei als der Ehestand. Sondern weil ich in so viele und große Arbeit hineingerissen wurde, hatte ich bisher gar keine Zeit, ans Heiraten zu denken, und diese Arbeit für den Herrn befriedigte mich und ich war darin glücklich.

Nun betete ich und sagte: »Lieber Gott, du weißt, dass ich in allen Dingen deinem Willen leben will. Du weißt, dass es nicht eigener Wille ist, dass ich noch ledig bin. Und du weißt, dass ich ganz das will, was du willst. Aber ich kann mich nur verheiraten, wenn es wirklich dein Wille ist, und wenn ich mich gar nicht darum zu kümmern habe, sondern du das machst.« Dann war ich ruhig und habe diese Standrede meines Freundes wieder »ad acta« gelegt.

Bald darauf in einer Neujahrsnacht träumte mir, ich hätte mich verlobt. Aber in diesem Traum habe ich so geschwitzt über die »Dummheit«, die ich gemacht habe. Ich war im Traum so namenlos unglücklich über meine Verlobung und über die Torheit, dass ich so etwas tun konnte, dass ich beim Erwachen überaus glücklich war, dass es nur ein Traum war. Aber etwa vier Wochen darauf war ich doch verlobt. Meine Frau kannte ich schon seit zehn Jahren und hatte niemals einen solchen Gedanken gehabt. Sie war in der Grafschaft Ponarien als Diakonisse für Krankenpflege stationiert. Und da trat der Gedanke mit solcher Macht an mich heran, es sei Gottes Wille, dass sie meine Frau werde. Aber mit ebensolcher Macht habe ich diesen Gedanken bekämpft. Da sagte mir eine durchdringende Stimme: »Was wehrst du dich dagegen? Ihr seid im Himmel verbunden!« Da war mein Widerstand gebrochen, ich konnte mich nicht mehr dagegen wehren. Und ich habe Gott alles mögliche vorgehalten, dass ich nicht heiraten könne. Ich hielt ihm vor, ich könne einer Frau ja gar keine Stellung bieten, nicht einmal ein Messer und eine Gabel könne ich ihr kaufen. Aber wenn ich Gott so etwas vorhielt, dann bekam ich zur Antwort, das wäre ein trauriger König, der nur einen unverheirateten Minister unterhalten könne. Wenn der Herr mir eine so edle Seele an die Seite stelle, dann gebe er mir so viel Zulage, dass ich auch noch eine Frau oder Familie ernähren könne. Und das war so deutlich, dass ich jetzt mit der Diakonisse darüber sprach. Ich sagte ihr, soundso sei es mit mir gegangen. Ich erzählte ihr den Traum und fügte hinzu, wenn sie nicht auch dasselbe gehabt habe, dann sei es vom Teufel. Ich sähe nicht hindurch, ich wolle das tun, was Gott wolle. Ich sagte ihr aber auch ganz offen, augenblicklich brauchte ich keine Frau (es war noch bevor Döpners mir ihr Angebot gemacht hatten). Aber ich hätte den Eindruck, Gott wolle uns verbinden, dass wir in Norddeutschland ein solches Haus ins Leben riefen, wie die Villa Seckendorf in Cannstatt. Meine Frau antwortete mir, in einer der vorhergegangenen Nächte habe eine Stimme zu ihr gesagt, sie werde meine Frau werden. Sie sei darüber so erschrocken, dass sie in der Nacht ausgestanden sei und habe niederknien und darüber beten müssen.

Ich hatte damals noch keine Ahnung davon gehabt, dass die lieben Döpners mir zu so einem Zweck ihr Haus anbieten würden, was bald darauf geschehen ist. Als ich aber deren schönen Besitz gekauft hatte, war es mir sonnenklar, warum der Herr meine Heirat wollte. Denn meine Frau war so tüchtig und ausgerüstet für solch eine Arbeit, dass ich mir niemand hätte auslesen können, der ebenso geeignet gewesen wäre. Unser Gott hat mir damit gezeigt und gesagt: »Sieh, jetzt hast du ein schönes Haus, das in einem schönen Obstgarten steht, mit zwei oder drei Kühen und zwei guten Pferden, Felder und Wiesen, da ist auch ein Messer und eine Gabel für deine Frau dabei.« Da war für alles gesorgt.

Meine Frau hat in ihrer Art gerade so viel in unserem Erholungsheim geleistet wie ich in der meinigen. Sie war sowohl auf dem wirtschaftlichen als auch auf dem geistlichen Gebiet mir eine wirkliche Gehilfin. Ich muss das Zeugnis aussprechen, so vieles wäre in unseren Erholungshäusern nicht zustande gekommen, wenn ich sie nicht an meiner Seite gehabt hätte.

So sehr es mir immer widerstrebt, selbst davon zu erzählen, was Gott alles an den verschiedensten Arten Gemütskranken, geistig und leiblich Kranken getan hat, so darf ich das doch nicht auch ganz verschweigen, denn der Herr hat in Tausenden solcher Fälle so Großes getan, dass der Name des Herrn Jesu dadurch verherrlicht wurde und man sehen durfte, wie sich das Wort bewahrheitete: Jesus Christus gestern und heute und derselbe auch in alle Ewigkeit.

In der ersten Zeit, als das Erholungsheim in Preuß.-Bahnau eröffnet war, hatten wir eine Hauschronik angelegt, in der wir besonders solche auffallende Heilungen und Befreiungen kurz beschrieben haben. Wir konnten diese Hauschronik höchstens ein oder zwei Jahre fortsetzen, weil es in solchen Häusern zu vieles zu tun gibt, sodass wir dazu nicht mehr die nötige Zeit fanden. Als ich aber einmal diese Chronik etwas durchlas, da musste ich niederfallen und Gott anbeten. Wieviel Großes und wie viele Wunder hat Gott nur in ein oder zwei Jahren aufs Gebet hin an Verzweifelten, Kranken, Geisteskranken, Besessenen getan!

Als wir nach einer kurzen Reihe von Jahren diese gesegnete Arbeit in Bahnau hatten, bekam ich einen Ruf nach Sachsen, ich möchte ein solches Heim auch in Sachsen eröffnen, weil es für viele zu weit sei, in den Osten Deutschlands zu reisen, weil Sachsen in der Mitte Deutschlands liege und weil in den sächsischen Fabrikstädten die Leute so sehr das Bedürfnis hätten, in einem solchen Heim, wo man sowohl geistliche als auch leibliche Erholung finden könne, für Wochen zu weilen, und weil es so viele Kranke und Gebundene gäbe. Es wurde mir für diesen Fall auch eine gewisse Summe Geldes angeboten. Aber ich hatte lange Gebetskämpfe, bis ich ganz klar wurde, was Gottes Wille war. Alle Freunde, wenn sie nach Bahnau kamen, sagten: »Du bist in einem kleinen Paradies«, denn alles sah auch äußerlich schön aus. Das konnte mich zwar nicht bestimmen, in Bahnau zu bleiben. Aber ich wollte auch nicht nach Sachsen gehen, ohne durch und durch gewiss zu sein, dass der Herr mich dort haben wolle, dass er für alles aufkomme, was mir da an Schwierigkeiten, Hindernissen und Proben im Wege stehen werde und ohne durch und durch gewiss zu sein, dass der Herr selbst die ganze Verantwortung für meine Übersiedelung nach Sachsen übernehmen werde. Aber je länger und anhaltender ich über diesen Punkt um Klarheit bat, desto klarer und gewisser wurde es mir, dass der Herr mich jetzt nach Sachsen rufe und in Sachsen haben wolle. Besonders war dies auch meiner Frau klar und gewiss. Und nur darum konnte ich unser schönes Bahnau verlassen. Meine Frau hatte noch eine besondere Freudigkeit für Sachsen. Die Eigentumsverhältnisse veränderten sich nicht, als wir Bahnau verließen; wir behielten unser Eigentumsrecht dort nach wie vor. Bruder Blaich und Schwester Maria Schönsee haben dort das Werk nach unserem Wegzug fortgesetzt. Das Haus musste vergrößert werden, und etwas später wurde ein zweites Haus gebaut.

Zunächst kauften wir ein Haus in Limbach und richteten es zu einem Erholungshaus ein. Aber schon im zweiten Jahre war es so überfüllt mit Gästen, dass wir in drei Nachbarhäusern Zimmer für die vielen Gäste mieten mussten, die kommen wollten. Da kamen zwei Gäste und sagten mir, wir sollten doch das Nachbarhaus mit 28 Zimmern dazukaufen. Der eine der Gäste wollte uns 13 000 Mark unverzinslich zur Verfügung stellen und weitere 13 000 Mark zu einem ganz billigen Zinsfuß. Der andere der Gäste wollte die Verschreibungskosten decken. Nachher fragten sie uns, wie es doch komme, dass wir gar nicht darauf eingehen wollten. Ob wir Angst vor den Schulden oder keine Freudigkeit hätten, das Heim zu vergrößern. Wir sagten ihnen, der einzige Grund, weshalb wir ihnen noch keine Antwort geben konnten, sei nur der, dass wir vorher auch ganz gewiss werden müssen, ob es auch Gottes Wille sei. Ich hätte in früherer Zeit auch Schritte, die ich tat, aufs Bitterste bereut, die in Patschen geführt hätten, weil ich mich nicht genug vorher versichert habe, ob Gott es haben wollte. Aber ich könne auch sagen, seit zehn, fünfzehn Jahren habe ich keinen Schritt mehr getan, ohne ganz gewiss zu sein, ob das auch Gottes Wille sei. Und das müssten wir auch hier wieder tun.

Wir waren damals vier Geschwister, denen die ganze Arbeit oblag. Wir beteten unablässig um volle Klarheit, ob es auch Gottes guter, heiliger Wille sei, dass wir dieses zweite Haus kaufen sollten oder nicht. Aber je länger wir beteten, desto klarer und gewisser wurde es uns, dass wir dieses Haus nicht kaufen dürften, und dass Gott uns nur vorläufig an diese Stelle geführt habe. Uns wurden auch alle die Gründe so klar, weshalb wir das Haus nicht kaufen dürften. Wie ich aber vielleicht acht Jahre später diese Stätte wieder besuchte, da waren ringsherum eine ganze Anzahl neuer Fabriken entstanden. Da habe ich wieder gesehen, wie nötig es ist – auch wenn's ganz den Anschein des Richtigen hat –, dass man in einem solchen Falle ernstlich bete, dass der Wille Gottes erkannt wird. In was für einem Elend wären wir drin gesessen: zwei Erholungshäuser inmitten von Fabrikschloten, deren Rauch und Ruß man unablässig hätte einatmen müssen.

Es war uns jetzt aber auch klar, dass dies nur ein Provisorium war, und in zwei Jahren hatten wir auch erkannt, dass wir ein Haus brauchten an einem schönen, größeren Wald, in recht luftreiner und stiller Lage. Eine unserer treuesten Mitarbeiterinnen sagte freudig, Gott habe ihr die Gewissheit gegeben, dass er uns ein Haus bauen werde an einem schönen Wald, wo es recht stille sei und wo man recht reine Luft habe. Wir lernten aber auch verstehen, weshalb viele Sachsen bei der Anmeldung fragten, ob unser Heim auch eine recht reine Luft und eine stille Lage habe und ob ein schöner Wald in nächster Nähe sei. Wir hörten von Ärzten und Diakonissinnen, dass, wenn eine Leiche seziert werde von jemand, der in einer der sächsischen Städte gelebt hätte, es sich zeige, dass sie fast alle eine schwarze oder schwarzbraune Lunge hätten von dem Ruß und Fabrikrauch, den sie jahraus, jahrein einatmen müssen. Darum konnten wir es auch begreifen, dass die Leute, wenn sie sich bei uns aufhalten, eine reine Luft einatmen wollen, und dass sie wünschen, dass es still ist und sie sich im Walde ergehen können.

Da sagte ich einmal zu meiner Frau: »Jetzt hätte ich die Freiheit und Freudigkeit, den Herrn darum zu bitten, dass er uns 50 000 Mark schenke. Wenn wir die 20 000 Mark, die in das Heim hineingesteckt seien, wieder herausbekämen, und wenn Gott uns 50 000 Mark schenke, dann seien es 70 000 Mark. Damit könne ich einen schönen Bauplatz in schöner Lage in der Nähe des Waldes kaufen und ein Haus mit 40 Zimmern einrichten.

Und nun betete ich mit rechtem Ernst und Anliegen, der Herr solle mir diese 50 000 Mark schenken. In denselbigen Tagen wurde mir von zwei Leuten geschrieben, sie hätten gehört, wir sollten in Limbach noch ein Haus kaufen, und darüber, seien sie sehr erschrocken. Denn sie seien auch in unserem Hause als Gäste gewesen und hätten großen Segen gehabt und möchten haben, dass doch recht viele Leute hingingen. Aber Limbach sei nicht der rechte Platz. Dieses Wagengerassel bei Tag und Nacht in der Nähe der großen Straßen, weit und breit kein Wald in der Nähe und auch keine reine Luft, darum müsse unser Heim an einen anderen schöneren Platz verlegt werden, und ich möchte zu ihnen kommen, sie möchten mit mir beraten über den Platz, an welchen dies Heim verlegt werden müsse, und wie die dazu nötigen Mittel herbeigeschafft würden. Selbstverständlich reiste ich gleich hin zu diesen Leuten, und das Ergebnis war, dass sie mir eröffneten, sie gäben 50 000 Mark. Diese Gebetserhörung war mir auch wieder so groß und so anbetungswürdig, dass ich den Herrn aufs Tiefste anbeten und ihm dafür danken musste.

Und jetzt machte ich mich auf den Weg, um einen schönen, geeigneten Platz zu suchen. Ich bin ein gutes Stück in Sachsen herumgereist und konnte keinen Platz finden, wie ich ihn nötig hatte. Betrübt darüber fragte ich Gott: Weshalb bist du so freundlich gewesen und hast uns 50 000 Mark gegeben und lässt mich keinen geeigneten Platz finden? Da bekam ich die Antwort: Ich habe dir die 50 000 Mark gegeben, wie du mich ernstlich darum gebeten hast. Hast du mich auch ebenso ernstlich um einen guten Platz gebeten? Ich hatte gedacht, den Platz könne ich selbst heraussuchen. Und mein Gott antwortete mir: Wenn ich um eine Sache gebeten sein will, dann will ich auch um alles gebeten sein; und wenn ich eine Sache geben will, dann will ich aufs Gebet hin auch das Andere geben. Und nun fing ich ebenso ernstlich an zu beten, Gott wolle mir doch einen Platz auslesen, der geeignet sei. Da hatte ich einen Traum: ich sah diesen Platz gerade so wie er wirklich ist, in nächster Nähe eines großen Waldes. Ich war über diesen Traum so freudig erregt, dass ich darüber aufwachte.

Nun musste ich einmal einen Platz besichtigen, der mir sehr empfohlen wurde, und ging auch mit einem Bruder dorthin. Aber da sah ich sofort, das war nicht ein Platz für mich; es war eine schöne Villenkolonie, wo sächsische Millionäre eine ganze Anzahl Villen hingebaut hatten. Da sah ich sofort, dass das kein Platz sei für mich, wo ich mitten in einem kleinen Babel sitzen würde.

Da sagte der mich begleitende Bruder zu mir: »Geh doch mit mir morgen nach Teichwolframsdorf. Da ist ein schöner Wald, der große Werdauer Wald.« Am nächsten Morgen gingen wir zusammen nach Teichwolframsdorf. Als wir vom Bahnhof dem Dorf zugingen und aus dem Wald aufs Feld heraustraten, schlug ich die Hände zusammen und sagte: »Du, das ist der Platz, den ich im Traum gesehen habe.« Es hat sich dann auch erwiesen, dass der

Platz nach manchen Richtungen hin günstig ist. Das ist schon eine große Wohltat, dass wir so sehr gutes und genug Trinkwasser haben. Auch konnten günstige Abzugskanäle für die Abwässer eingerichtet werden. Und alle Gäste freuen sich über den herrlichen Wald und die gute Luft. Höchstens 60 Schritte vom Hause an hat man zum Wald. Dabei sind wir trotzdem in keiner Einsiedelei. In mäßiger Entfernung, fünf Minuten von uns, beginnt das Dorf. Aber wir stören die Außenwelt nicht, und die Außenwelt stört uns nicht. Wir sind rings umgeben von ganz friedlichen Nachbarn. Und Gott hat es so geführt, dass wir gerade genügend Land kaufen konnten für das Haus, den großen Garten Hund auch noch genügend Gemüseland in nächster Nähe des Hauses.

Mein Plan war, ein Haus mit 40 Zimmern zu bauen. Da bestimmten mich die Geschwister, das sei viel zu wenig, da müsste gleich im nächsten Jahre vergrößert werden. Ich müsste wenigstens 50 Zimmer groß bauen. Ich sagte, Gott habe mir so viel Geld gegeben, dass ich ein Haus samt Platz mit 40 Zimmern bauen könne. Ich wolle mich nicht in Schulden stürzen und dem Namen Gottes Schande und Unehre machen dadurch, dass ich stecken bliebe. Wenn mir Gott mehr Geld gebe, dann werde ich größer bauen. Da schalt ein Bruder mich aus und sagte: »Mache einen Bauriss für 50 Zimmer, nimm 25 000 Mark auf, und ich will für den Zins aufkommen.« Ich sagte ihm: »Weißt du, ich glaube nicht, dass du für den Zins aufkommen musst. Gott gibt mir's, dass ich diese 25 000 Mark noch verzinsen kann. Aber weil andere Geschwister und du es mir so dringend anraten, dass ich für 50 Zimmer bauen soll, sehe ich darin einen Wink von Gott und will so bauen.« Und das erste Haus, das wir jetzt bauten, war 53 Zimmer groß. Aber zu einem so großen Haus mit Speisesaal, Nebenhaus, das 10 000 Mark kostete, dem Garten, dessen

Umzäunung auch 1500 Mark kostete, da waren die 70 000 Mark bald aufgebraucht. Ich sollte jetzt, um weiterbauen zu können, 30 000 Mark haben. Aber auf den Banken sollte ich so hohe Prozente, bis zu 8 %, bezahlen, und das wäre mir doch zu viel gewesen. Da ging ich zu den Leuten, die mir die 50 000 Mark gegeben hatten, und fragte sie, ob sie nicht reiche Verwandte hätten, die mir das Geld zu 5 % gäben. Sie sagten mir aufs Freundlichste: »Dein Bankier hat schon für dich gesorgt; wir geben dir diese 30 000 Mark auch.« Aber auch diese Summe war bald verbaut. Was nur die Zentralheizung, die Möbel für so viele Zimmergekostet haben! Am Ende fehlten mir noch 25 000 Mark. Da nahm ich wieder meine Zuflucht zu meinem Gott, und er schickte mir eine alte Jugendfreundin ins Haus, die mir gerade die 25 000 Mark schenkte, die mir fehlten. Als die 25 000 Mark auch verbaut waren, fehlten immer noch 13 000 Mark. Dieses Geld schenkten mir die Geschwister, die früher in Limbach die 13 000 Mark unverzinslich geben wollten.

Ich dachte nun, jetzt wolle ich nicht mehr bauen. Aber da kamen immer wieder so zwingende Verhältnisse, dass ich wieder bauen musste, sodass aus einem Hause schon vier geworden sind. In diesen vier Häusern haben wir über 100 Zimmer, darunter seine Anzahl, in welchen zwei und drei Betten aufgestellt sind. Aber im letzten Jahre und auch in diesem (1919) reichten diese Zimmer lange nicht aus. Schon im vergangenen Jahre konnten wir den dritten Teil der angemeldeten Gäste nicht aufnehmen, und auch in diesem Jahre waren im April so viele Gäste angemeldet, dass schon jetzt alles überfüllt ist, und jeden Tag kommen neue Anmeldungen. Ich bemerke das nur, um zu zeigen, wie gütig und freundlich Gott gesorgt hat, dass jetzt, wo ich im 80. Lebensjahre stehe und unmöglich mehr reisen könnte, ich so viel Arbeit für den Herrn im Hause habe, dass, wenn ich nicht mehr hinaus kann, Leute aus allen Himmelsrichtungen hierher kommen, denen ich dienen kann und darf.

Aus der Entstehung dieser drei Werke: Preußisch-Bahnau, Teichwolframsdorf, Karmelheim, muss jeder, wenn er vorurteilsfrei den Gang verfolgt hat, gemerkt haben, dass keine dieser drei Anstalten eine menschliche Mache ist, durch eigenes menschliches Schieben und Drängen entstanden, vielmehr durch göttliche Führungen sich mir aufgedrängt haben und nicht – wie es oft bei solchen Gründungen geht – an den Haaren herbeigezogen wurden. Ich war lediglich der von Gott Gedrängte und Gebrauchte und Geschobene, der sich drängen, brauchen und schieben ließ. Ich gab mich erst dann her, die Sache anzufangen, wenn ich unter viel Gebet gewiss war, dass er es will und er die Verantwortung übernimmt. Darum erlaube ich mir noch zu bemerken, dass so manchem sein Werk bei solchen Unternehmungen nicht in die Brüche gegangen wäre, sodass sein Werk mit Ach und Krach und mit Schande und Unehre für Gott geendet hat, wenn er auch diesen Weg gegangen wäre.

Eines war der Entstehung der Häuser vorangegangen: So schwach, so elend und so mangelhaft ich mich auch immer fühlte und noch fühle, so war es doch seit Jahren mein fester Entschluss, Gott ganz zu leben, nicht mehr dem eigenen Willen, mir selbst und der Menschen Lüsten, sondern nur dem guten, wohlgefälligen und vollkommenen Gotteswillen zu leben. Mein Gehorsam und meine Treue gegen den Willen Gottes ist aber nie so ausgefallen, dass er mich befriedigt hätte. Aber es kam mir oft vor, Gott habe schon den heiligen Entschluss in etwas als eine Wirklichkeit und eine Tat angesehen, und ich raffte mich hundertmal immer wieder auf, weder in einer großen noch in einer kleinen Sache einen eigenen Willen zu haben, sondern nur ein willenloses Werkzeng in der Hand Gottes zu sein. Und ich glaube erfahren zu haben, dass, wenn man keine eigenen Pläne mehr macht und keinen eigenen Willen mehr hat, sondern in den größten wie in den kleinsten Dingen nur seinen Willen tun und nur ein willenloses Werkzeug seines Willens sein will, man niemals eigene Unternehmungen, eigene Pläne und eigene Gründungen zu machen braucht, mit denen man Schiffbruch leidet und Gott Schande und Unehre macht, sondern dann Gott Pläne für uns macht, und er uns nur gebraucht, seine Gedanken und Pläne auszuführen, die er hat, nicht die wir haben. Und weil wir nicht Gott voraus-, sondern ihm hinterdrein gehen, lässt er das alles gelingen, was nicht wir selber, sondern er geplant hat.

## *16. Einiges über meine Frau*

Es wäre nicht gut möglich, diese Erinnerungen zu schließen, ohne mich eines großen Undanks schuldig zu machen sowohl gegen Gott als auch gegen meine Frau, wenn ich derselben nicht einen Abschnitt in diesen meinen Lebenserinnerunigen widmen würde.

Im Augenblick, als ich dieses schreibe, sind es etwas über 25 Jahre, dass des Herrn wunderbare Güte uns zusammengeführt und verbunden hat. Wenn ich auf diese Zeit zurückblicke und auf alles, was der Herr in dieser Zeit nach seiner Barmherzigkeit getan hat und auch durch uns tun konnte, so kann und muss ich bekennen, dass Gott meine Frau von der ersten Zeit unserer Verbindung an bis zu diesem Augenblick aufs Vielfachste als Werkzeug gebraucht hat.

Ein altes Sprichwort sagt: »Die rechten Ehen werden im Himmel geschlossen«. Die Art, wie Gott uns verbunden hat, und nachher das Werk, das er in unsere Hände gelegt hat und bis zur Stunde vielen zum Segen werden ließ, ist auch ein unwiderleglicher Beweis, dass unsere Verbindung im Himmel beschlossen und geschlossen wurde. Der Herr hatte eine neue Arbeit für uns geplant, die sich, besonders seit wir in Sachsen sind, fast mit jedem Jahre vergrößerte. Anbetungswürdig und wunderbar ist es mir immer mehr, wie wir von den ersten Tagen unserer Verbindung an durch all die Jahre hindurch in all den Arbeiten, die er uns aufgetragen, so recht eines Herzens, einer Seele und eines Geistes waren, obwohl wir in manchem verschieden waren, indem er jedem wieder eine Gabe anvertraut hatte, die der andere nicht hatte. Es wurde darum von unseren Gästen immer wieder gesagt, dass wir uns ergänzten.

Wofür ich Gott besonders dankbar sein musste, war auch die Art unseres Verhältnisses gegeneinander. Es machte nämlich keines Ansprüche an das andere, wir gingen nie ineinander auf, sondern beide gingen auf in der Arbeit für den Herrn. Meine Frau wie ich opferten sich auf für die vielen Menschen und die mancherlei Leidenden, Elenden, Angefochtenen, Schwermütigen, Kranken, vom Feind Überwältigten, Geplagten und Gebundenen. Aber diese Arbeit und Aufopferung für die vielen hilfesuchenden Kranken und Gesunden, die der Herr zu uns führte, war auch wieder das stärkste Bindemittel, das uns im Geist verbunden hielt.

Meine Frau war reichlich mit Naturgaben als auch mit Gnaden- und Geistesgaben ausgestattet, welche in den mancherlei schwierigen Arbeiten an so verschiedenartigen Menschenseelen so nötig gebraucht wurden, aber auch in diesen Arbeiten recht zu ihrer Entfaltung kamen. Ich möchte besonders hervorheben, dass ihr in hohem Maße die Gnade gegeben war, solchen Seelen, die oft jahrelang vergeblich nach Frieden suchten und nicht zur Gewissheit ihres Gnadenstandes oder in die Glaubensruhe eingehen konnten, dazu zu helfen, dass sie schon nach einer oder mehreren Unterredungen in die Ruhe des Glaubens eingingen und den Herrn Jesum und sein Heil erfassten und ergriffen. Ebenso hatte sie die Gnadengabe, solchen, welche die Vergebung der Sünden hatten, dabei aber den vergeblichen Kampf mit sich selbst führten und sich oft jahrelang vergeblich abmühten, auf dem Gesetzesboden über sich selbst und das Gesetz der Sünde zu siegen und doch nie aus dem traurigen Zustand herauskamen, wie er in Röm. 7, 18-24 beschrieben ist, aus diesem traurigen Zustand heraus und hineinzuhelfen zu einem Siegesleben in den herrlichen Zustand, wie er in Römer Kapitel 8 beschrieben ist. Es sind wirklich all die Jahre hindurch viele durch unser Haus gegangen, denen meine Frau der Wegweiser in dieses Siegesleben sein durfte.

Ihre vielen und fast immer sicheren Erfolge auf diesem Zentralgebiet kann ich aber nicht nur ihrer natürlichen und geistlichen Begabung zuschreiben, auch nicht allein ihrer tiefen, klaren Erkenntnis in die Tiefen des Erlösungswerkes hinein. Ich muss ihr das Zeugnis geben, dass das Gekreuzigt-, Gestorben-, Begrabensein mit Christus, das sie in der Seelenpflege sowohl als auch in den Andachten bezeugte und allen nahe brachte, darum solch eine durchdringende Wirkung hatte, weil sie das nicht nur lehrte, sondern mit einer Innigkeit des Glaubens und mit dem ganzen Feuer des Geistes zu leben suchte und lebte.

Die Grundursache, dass Gott sie mit diesen Gnadengaben ausrüsten und auch ihre für unser Werk so notwendigen Verwaltungsgaben entfalten konnte, sehe ich besonders darin, dass sie vom Anfang ihrer Bekehrung an gleich eine ganze Christin war; es war keine Halbheit Gott gegenüber in ihrem Wesen. Sie stellte sich gleich ganz auf Gottes Seite, es erwachte gleich mit ihrer Bekehrung eine feurig glühende Liebe zu Gott, die ihr auch geblieben ist, und die mit einem einfältig kindlichen Geist verbunden war.

Am 19. August hat Gott meine liebe Frau in ihrem 56. Lebensjahre in die obere Heimat abgerufen. Er hat mich dadurch in tiefe Trauer versetzt, aber mir auch reichen Trost geschenkt. Eine große Zahl von Geschwistern hat mir und den Meinen zu ihrem Heimgang herzliche Teilnahme bezeugt, und ich durfte daraus besonders sehen, wie große Liebe und wie großes Vertrauen zu ihr in den weitesten Kreisen vorhanden war. Viele Zeugnisse aus nah und fern sind erfüllt von Dank zu Gott für den Segen, welchen er durch sie ihnen zuteilwerden ließ. Manchem war sie das Werkzeug ihrer Rettung, anderen zum Eingang in die Ruhe des Volkes Gottes, wieder andere danken dem Herrn, dass sie ihnen der Wegweiser gewesen sei, von dem alten adamitischen Eigen- und Selbstleben frei zu werden, dass sie nun von einem Leben Christi in uns rühmen dürfen und im Glauben das uns durch Jesum erworbene Siegesleben leben dürfen. Ich glaube, weil so viele Leser dieser Erinnerungen meine Frau persönlich kennen lernten, werden alle dafür dankbar sein und es vielleicht auch erwarten, noch etwas Eingehendes über ihren Leidensgang, ihre Leiden, Krankheit und Tod zu erfahren.

Es war schon bald nach unserer Verheiratung, dass mich sowohl als meine Frau hin und wieder die Sorge beschleichen wollte, dass wir vielleicht nicht allzu lange verbunden sein und Gott dienen dürften. Und in der Tat hatte sie die Geburt meines ersten Sohnes dem Rande des Todes nahe gebracht. Aber vor 21 Jahren, als wir schon in Sachsen waren (es war in Limbach), da wurde sie bei einer kleinen Reise zu einer Kranken in Sachsen mitten im Winter durch eine arge Erkältung todkrank, dass wir alle schon Abschied von ihr genommen hatten und sie auch von uns. So sterbend hatte sie noch den Wunsch, wir möchten doch das Werk weiter fortführen und ihres Heimganges wegen nicht aufgeben, was wir ihr auch von Herzen gern versprachen. Aber ich flehte, weinte und rang mit Gott, er solle sie uns nur noch zehn Jahre lassen. Gott erbarmte sich und hörte unser Weinen, und erst nach 13 Jahren trat der Tod aufs Neue drohend an sie heran. Wieder bat ich wie vor 13 Jahren um Fristverlängerung, weil wir sie zu diesem Werke noch ebenso nötig hätten, wie vor 13 Jahren. Auch jetzt hörte Gott uns wieder. Aber in dieser Weise mussten wir sie noch mehrere Male aus dem Rachen der Krankheit und des Todes herausglauben und herausflehen. Sie bekam nämlich vor 15 bis 16 Jahren die tückische Zuckerkrankheit, an welcher in der Regel durchschnittlich die Betroffenen nur zehn Jahre lang leben sollen. Sie durfte mit dieser Krankheit noch 15 bis 16 Jahre leben und, wenn auch drei- bis viermal dem Tode nahe, immer wieder so aufgerichtet werden, dass sie mit ihren schönen, großen Gaben dem Herrn weiter an diesem Werk dienen durfte. Aber im Laufe dieses Jahres (1919) trat eine Wendung ein, indem die Zuckerkrankheit einen Charakter annahm, der, wenn auch langsam, das Ende herbeiführte. Wenn wir auch alle mit dem größten Ernst erneut um Verlängerung des uns so teuren Lebens baten in der Meinung, dass sie für das besonders in den letzten Jahren so groß gewordene Werk jetzt noch ebenso unentbehrlich sei wie je einmal, so waren dieses Mal Gottes Gedanken nicht unsere Gedanken. Es war diesmal in seinem Ratschluss unabänderlich beschlossen, meine Frau zu sich zu nehmen, und all unser vereintes Bitten und die Gebete so vieler Geschwister in der Nähe und Ferne waren diesmal nicht imstande, den Ratschluss Gottes abzuändern. Denn die mit der Zuckerkrankheit verbundenen Leiden wurden intensiver und steigerten sich zu großen Schmerzen und zuletzt zu solchen Qualen bei Tag und Nacht, dass sie jetzt nur noch bat, Gott solle sie doch zu sich nehmen. Gott erhörte diese Bitte, indem sie noch den letzten Tag ohne Schmerzen sein durfte und still, friedlich und sanft einschlief.

Alle Geschwister, die Zeugen ihrer schweren Leiden und Qualen waren, sind erfüllt von Dank und Anbetung über die Kraft, mit welcher sie alle noch so großen Schmerzen und Qualen überwand und, ohne einen Klageton hören zu lassen, ertrug. Sie sagte oft, innerlich könne sie immer den Herrn loben und sich ihres Gottes und Heilandes freuen, das könne sie nicht verhüten, dass ihre Augen weinten, wenn ihre Qualen zu groß würden, aber bei den größten Schmerzen sei ihr der Herr und Heiland immer nahe und sie ihm, und es flössen ihr oft Ströme von Verheißungen und Tröstungen zu, und solche Trost und Kraft gebende Bibelstellen, die sie besonders in der Nacht oft laut vor sich hinsprach. Oft hielt sie sich selbst und anderen das Wort vor, dass die Leiden dieser Zeit nicht wert sind der Herrlichkeit, die an uns soll geoffenbart werden. Wenn sie Traurigkeit bei mir sah oder fürchtete, ihr schweres Leiden könnte mich unter einen Druck bringen, so wollte sie das nicht sehen. »Seid nicht traurig, freut euch, dass ich heim darf und bei dem Herrn sein werde allezeit.« Einmal legte sie ihre Hand in die meine und sagte: »Ist es nicht eine schöne Zeit gewesen, dass er uns über 25 Jahre verbunden hat, hat er nicht in diesen Jahren so vieles an uns und durch uns getan? Können wir für das alles ihn genugsam loben und nicht zufrieden sein, wenn er uns jetzt auch für dieses Leben eine Zeitlang einander entzieht? Wir werden uns bald wiedersehen!«

Es war für uns alle der größte Trost, dass meine Frau durch ihre schweren Leiden, Schmerzen und Qualen den Herrn so verherrlicht hat, wie sie früher in gesunden Tagen durch ihre Arbeit und ihren Dienst den Herrn an vielen Seelen verherrlichen durfte. Ein starker Trost, mit dem Gott mich besonders tröstete, war der Vorhalt, dass es doch weit schwerer und viel schlimmer für mich gewesen wäre, wenn mir der Herr meine Frau vor 21 Jahren genommen hätte, indem er mir jetzt treu mitarbeitende Geschwister an die Seite gestellt hat, die ich vor 21 Jahren noch nicht hatte. Zu diesen Geschwistern, die mir jetzt zur Seite stehen, zählen besonders auch mein ältester Sohn und dessen Frau, die sich beide zu lieben, wertvollen Mitarbeitern entwickelt haben, worüber sich meine Frau so sehr freute und Gott immer aus tiefster Seele anbetete und hoch dafür pries, denn beide, mein Sohn und seine Frau, gehen so ganz in die Fußstapfen und den Geist ihrer Eltern ein.

Eine Sache war meiner lieben Frau in den letzten Jahren schmerzlich und kostete ihr oft eine rechte Überwindung. Als sie sehen durfte, wie in den zwei bis drei letzten Jahren immer mehr Menschen herbeiströmten, wo wir fast noch so viele Häuser und Zimmer nötig hatten, als wir jetzt haben, um alle unterzubringen, die Aufnahme wünschten, da war es ihr oft dunkel, dass und warum Gott sie mehr und mehr lahmlegte, nicht mehr wie früher an diesen vielen Seelen arbeiten zu können, was sie doch mit solch brennendem Herzen und mit brennender Liebe früher tat und jetzt so gern getan hätte. Aber die größer werdende wirtschaftliche Leitung nahm fast ihre noch vorhandenen Kräfte in Anspruch, obwohl sie bei ihrer großen wirtschaftlichen Arbeit daneben noch manchen Seelen auch geistig noch immer diente. Andererseits war es ihr aber auch eine große Freude, dass sie sehen durfte, wie sehr Gott das ganze Werk segnete, nach innen und außen, und so viele Menschen zum Durchbruch führte. Meinem Sohn sagte sie einmal: »Der Vater war, solange wir miteinander verbunden waren, immer so lieb und gut zu mir, ich konnte neben ihm schalten und walten wie eine Königin, er hat mir nie etwas in den Weg gelegt«.

Bei einem Rückblick auf das Leben meiner lieben Frau seit der Zeit, dass ich sie kennen lernte, und besonders in der Zeit ihrer Krankheit, glaube ich noch das sagen zu dürfen, dass sie das Ziel, das ihr stets vor Augen stand und der Leitstern ihres Lebens und ihres ganzen Trachtens war, in etwas erreicht hat. Dieses Ziel war die Verherrlichung ihres Gottes und Heilandes im Leben und im Sterben. Sie hat nicht nur in den gesunden Tagen, sondern auch in der Zeit der größten Schmerzen und Qualen wie die drei Männer im Feuerofen Gott hoch gepriesen und gelobt und dadurch verherrlicht. Das war uns allen so groß und wird uns unvergesslich bleiben.

# Zweiter Teil

# Erfahrungen

## *1. Die ersten eigenen Glaubenserfahrungen bei Krankheiten*

Wenn ich hin und wieder auf mein Leben, besonders auf meine Jugendzeit zurückblicke, so muss ich an mir selbst sehen, wie grundverdorben das menschliche Herz ist. Denn wenn Gott von seinem Volk sagt: »Sie haben ein Herz, das immer den Irrweg will«, so muss ich jetzt bekennen, dass das der Zustand meines Herzens gewesen ist.

Was für überwältigende Offenbarungen habe ich in meiner Kindheit und Jugend gesehen, während der ganzen Möttlinger Bewegung, in meiner Eltern Haus, in der Versammlung meines Elternhauses! Welche Fülle von Gebetserhörungen und Wunder über Wunder, die mich oft so gewaltig aufgerüttelt und aufs Mächtigste auf mich eingewirkt haben! Und was hatte trotzdem Gott für Kämpfe und für Mühe mit mir, bis er alles Widerstreben und auch die Charakterlosigkeit des eigenen Herzens gebrochen und besiegt und ganz Besitz von mir genommen hatte! Auch muss ich heute sehen, wie schwerfällig ich gewesen bin, bis es Gott gelang, den Glauben und den Glaubensgeist in mir zu wecken, in dem ich doch aufgewachsen war und den ich doch beständig einatmen durfte. Ich war schon Evangelist auf meiner ersten Station, als das erste Mal bei Krankheiten dieser Glaubensgeist auch in mir durchbrach, in dem ich aufgewachsen war, wie das folgende Beispiel zeigen kann.

Weil ich schon damals den Grundsatz hatte, mich so viel als möglich den Menschen nützlich zu machen und zu dienen und so wenig als möglich Ansprüche zu machen, so war es auch mein Grundsatz, in solchen Arbeitszeiten, wie der Heu- und Getreideernte, wo man nicht viel missionieren kann, mich dadurch nützlich zu machen, dass ich den Leuten bei der Ernte mithalf. Einmal half ich bei einem Gutsbesitzer Heu mähen. Aber da war in jener Gegend eine ansteckende Krankheit, die plötzlich über die Menschen kam, dass sie nicht mehr arbeiten konnten; sie konnten nicht mehr stehen und mussten sich niederlegen. Während ich nun beim Mähen half, kam das Übel auch an mich heran, es wurde so stark, dass ich mich mit aller Macht dagegen zu wehren hatte, dass ich mich nicht mitten auf der Wiese niederlegte. Was mich gleich zum äußersten Widerstand gegen den Drang, mich niederzulegen, veranlasste, war der Gedanke, es könne eine Schmach und Unehre für Gott daraus entstehen. Der eine oder andere könnte doch denken, ich wolle mich der Arbeit entziehen. Da erinnerte ich mich daran, wie in meinem Elternhaus und in unserer Gemeinschaft und auch in Möttlingen man sich im Glauben aufraffte und wehrte gegen Krankheiten.

Als wir einmal an einem Sonnabend nach Möttlingen kamen, sagte die Hausmutter, bei der wir uns aufhielten: »Die ganze Woche wollte mich der Teufel krank machen, immer sollte ich zu Bette liegen und krank sein. Da habe ich mich im Glauben dagegen gewehrt. Auch die Apostel haben die Krankheiten vertrieben. Du hast doch denselbigen Heiland! Mit diesem starken Heiland kannst du auch diese Krankheit vertreiben, die dich jetzt überfallen will. Und dann gebot ich dem Satan: ›Weiche, ich habe keine Zeit, krank zu sein!‹« Und die Frau blieb gesund und war so froh und heiter über diesen Sieg.

Derartige Beispiele traten mir jetzt vor die Seele, als diese ansteckende Krankheit mich auch zu Boden werfen wollte. Da erwachte das erste Mal in mir auch etwas von diesem Glaubensgeist, mich gegen die Krankheit, die mich befallen wollte, im Glaubensaufblick auf Christus energisch zu wehren.

Und bald war ich ganz frei von dem Übel und konnte wieder frisch drauflos mähen. Und wenn Siegesfreuden die höchsten Freuden sein sollen, so habe ich an diesem Morgen auch etwas von Siegesfreude erfahren.

Als wir zum Mittagessen nach Hause kamen, sagte die Frau des Gutsbesitzers zu mir: »Ach, Bruder Seitz, gehe doch hinauf zu unserem Oberknecht, der liegt im Bett. Er hat auch diese Krankheit, die jetzt so unsere Gegend heimsucht. Er ist so verzagt, dass er immer nur über sich selber klagt, dass er unserem Herrgott sein Garnichts wäre.« Dabei war er der Gefördertste in jener Versammlung; war ich verreist, dann musste er immer Versammlung halten.

Als ich zu ihm hinaufkam, war allerdings nur Klage, Ach und Weh, ein Trauergeist und Niedergedrücktsein, wie es nicht ärger sein konnte. Als ich eine Weile sein Lamento angehört hatte, sagte ich zu ihm: »Schämst du dich nicht, dass du unserem Herrgott zur Schande und dem Teufel zur Freude ins Nest hineinliegst und dich solch einem Klage- und Trauergeist hingibst? Jetzt blickst du auf den starken Jesus und gehst raus aus dem Nest zur Ehre und Freude deines Heilandes.«

Er machte zuerst ein langes, verwundertes Gesicht. Da erzählte ich ihm, wie es mir am Morgen gegangen sei und wie ich es gemacht habe, und fügte hinzu: »Kinder Gottes müssen nicht jedem Krankheitsgeist und allen den Geistern, die in der Luft herrschen, nachgeben und sich ins Bett jagen lassen. Die Kinder Israel hatten das Recht, von den ägyptischen Plagen verschont zu bleiben, und in der Offenbarung Johannis ist zu lesen, dass es viele Plagen gibt, die über die Tieresanbeter Macht haben, die aber keine Macht haben über solche, die das Siegel Gottes an der Stirne haben. Aber der Glaube reklamiert auch seine Rechte. Wir müssen durch Glauben uns unseres Rechts bewusst werden, dass nicht jeder Krankheitsgeist und die Geister, die in der Luft herrschen, ihre Macht ausüben und über uns herrschen können. Mach ein bisschen Revolution gegen diese Krankheitsgeister, und ich will dir ein bisschen helfen. Ich sage dir dass im Glauben, und jetzt wehre dich auch im Glauben!«

Da fing er an zu lachen und sagte: »Ja, du hast aber recht, 's ist auch wahr.« Und er stand im Glauben auf und war ebenso gesund wie ich.

Diese Erfahrung war für mich der Anfang, dass ich jetzt Mut bekam, auch für Kranke und Gebundene zu glauben und im Gebet des Glaubens für die einzustehen, die hilfesuchend zu mir kamen. Und ich durfte auch bald recht erfreuliche, meinen erwachenden Glauben stärkende und ermutigende Erfahrungen machen. Aber ich wurde dadurch auch etwas früh genötigt, mich der Nachtseiten der Krankheiten anzunehmen, der Gebundenheiten und Besessenheiten. Ich möchte hier unter anderem eine Erfahrung mitteilen, die mir früh gezeigt hat, welch furchtbare Wirkungen es hat, wenn die Kranken Heilung suchen bei Mitteln des Aberglaubens und der Zauberei.

Es kam unter anderen eine etwa 40 Jahre alte Schwester weinend zu mir und klagte, dass sie ungefähr vom 14. Lebensjahre an Krämpfe habe. Diese seien zuerst nur alle Jahre einige Male gekommen, dann alle Monate, dann alle Wochen und dann täglich, und jetzt liege sie zuzeiten stundenweise in diesen Krämpfen. Wenn das so fortgehe, dann müsse sie blödsinnig werden. Sie sagte: »Wenn ich sehe, was Gott auf dein Gebet an anderen getan hat, so glaube ich, dass Gott auch mir noch helfen kann«, und drängte mich sehr, mich ihrer aufs Angelegentlichste im Gebet anzunehmen. Weil es mir aber doch so unheimlich war, wenn ich sehen musste, wie sie stundenlang in diesen Krämpfen dalag, so wollte ich den Anfang nicht allein machen, sondern holte dazu meinen alten Freund Martin Blaich, der 20 Jahre älter war als ich und eine Menge Erfahrungen auf diesem Gebiet hinter sich hatte. Wie ich mich noch gut erinnere, sagte er dieser Schwester unter anderem, sie solle nur ihr Gewissen und ihren Sinn bis auf den Grund reinigen und sich dem Herrn ganz auf den Altar legen nach Röm. 12,1.2. Ich hörte hier das erste Mal vom Unterschied zwischen Gewissensreinigung und Sinnesreinigung. Alles, was aus der Vergangenheit noch auf ihrem Gewissen laste, das solle sie ans Licht bringen, und wo sie mit irgendeinem Menschen ein Zerwürfnis habe, solle sie sich versöhnen, damit kein Mensch das Recht habe, über sie zu seufzen. Sie solle ihre ganze Vergangenheit, soweit irgend eine Tatsünde vorliege, die noch nicht durch Bekenntnis ans Licht gebracht worden sei, jetzt ans Licht bringen und soweit sie noch an irgendetwas Sündiges gebunden sei, solle sie in der Kraft des Blutes und des Todes Christi mit allem brechen, damit nichts in ihrem Sinn und in ihrem Gewissen sei, was dem Feinde noch ein Recht und eine Macht an sie gebe. Besonders wurde sie von Bruder Blaich ermahnt, sie solle, wie schon oben bemerkt, sich mit jeder Faser, vom Scheitel bis zur Fußsohle dem Herrn ausliefern.

Es war eine lautere Seele, die sauf das alles einging; hierauf wurde sie von Bruder Blaich nach Jak. 5 gesalbt, und wir beide beteten mit ihr unter Handauflegung. Als Blaich wieder abgereist war, fuhr ich fort, mit ganzem Ernst für sie zu beten.

Jetzt traten Dinge ein, die mich sehr erschreckten, weil ich noch zu wenig Erfahrung auf diesem Gebiet hatte. Es brachen derartig furchtbare Krämpfe aus, wie sie solche in ihrem Leben noch nie gehabt hatte, sodass ich fürchten musste, sie werde an diesen Anfällen sterben. Ich schrieb das auch Bruder Blaich. Er ermutigte mich aber, mich dadurch gar nicht schrecken zu lassen. Wir sollten fortfahren mit Beten, und er wolle es auch tun; hinter diesen Krämpfen steckten finstere Mächte, die jetzt angegriffen seien und tobten. Nun trat aber der eigentümliche Zustand ein, dass immer, wenn sie in ihren Krämpfen lag und mich holen ließ und ich ihr die Hände im Gebet auflegte, die Krämpfe augenblicklich aufhörten, aber nachher desto stärker wiederkamen. Einmal aber waren sie so arg, dass ich erst anhaltend beten musste, ehe sie wichen. Sie hatte dadurch allen Glaubensmut verloren.

Da sagte ich ihr, ich hätte immer wieder den Eindruck, dass irgend noch ein Bann vorhanden sei, der noch nicht aufgedeckt worden sei. Sie solle sich doch besinnen und nachdenken, ob nicht irgendein Bann vorhanden sei, der dem Feind ein Recht und eine Macht an sie gebe. Da weinte sie und sagte, sie wisse wirklich nichts mehr. Ob etwa das schuld sein könne, dass sie jetzt so angefallen werde: sie habe einen kranken Bruder, einen Schmied. Und der habe zu einem Zauberer schicken wollen, der durch Sympathie heile. Und da habe sie ihn so gewarnt, und er habe das auch unterlassen. Dies sei am vorhergegangenen Tag geschehen. Aber heute Nacht habe sie mit wachenden Augen zwei Gestalten vor ihrem Bette stehen sehen wie zwei Ärzte. Und diese hätten sie so verspottet, dass sie an die Hilfe durch das Gebet von Blaich und Seitz glaube. Und da sei ihr auch wirklich aller Mut entsunken.

Ich fragte sie, ob ihr die zwei Ärzte den Totenschein dafür nachweisen könnten, dass Gott und Christus tot seien. Wenn der Teufel das einmal beweisen könne, dann solle sie verzagen. Sie sei verpflichtet gewesen, ihren Bruder zu warnen, selbst auf die Gefahr hin, dass das schlimme Folgen für sie gehabt hätte. Denn da hätte er sich an die Hölle verkauft, wenn er bei so einem Teufelsknecht Hilfe gesucht hätte. Da wurde sie bedenklich und fragte, wie denn das komme, dass es gleich helfe, wenn man sich an diese Zauberer wende, es geschehe doch in den drei höchsten Namen. Und sie erzählte mir mehrere Beispiele, wie es augenblicklich geholfen habe.

Es tat mir weh, dass sie darüber noch so fragen konnte und noch so wenig Licht über diese Gräuel hatte, und ich setzte ihr folgendes auseinander: »Es gibt einen erlaubten und einen verbotenen Weg, die drei höchsten Namen zu gebrauchen. Der erlaubte Weg ist der Gebetsweg, dass man den Namen Gottes im Gebet anruft, wie es heißt: Rufe mich an in der Not, so will ich dich erretten, so sollst du mich preisen! Aber die große Mehrzahl lebt jetzt in allerhand Sünde und Ungehorsam, wo Gott sie nicht hört, auch wenn sie beten, weil Gott unbußfertige Sünder nicht hört. Und dann machen sie es, wie Saul es gemacht hat, den auch Gott in der verzweifeltsten Not nicht mehr hörte und der dann zu dem Zauberweib nach Endor um Rat lief. Dadurch aber hat er seinen Untergang nur beschleunigt (1. Chron. 10, 13). Genauso machst es aber unser Geschlecht. Wenn die Menschen in Krankheitsnöte kommen, haben sie kein Vertrauen zu Gott. Und wenn sie beten, dann werden sie nicht gehört und klagen: Ja, ich habe gebetet; aber der Herr hat nicht auf mein Gebet gehört. Dann laufen sie zu allen Teufelsknechten und Teufelsmägden um Hilfe, und da werden dann die drei höchsten Namen in verbotener Weise, in Beschwörungsweise, missbraucht. Es wird dadurch dem Namen Gottes Gewalt angetan, und das ist Missbrauch des Namens Gottes. Den Namen Gottes beschwören und so sich heilen lassen, das kann aber der gröbste, frechste Sünder.«

Ich sagte ihr weiter, sie solle sich einmal die Leute ansehen, die durch Beschwörung des Namens Gottes heilen. Darin bestehe ja die Zauberei. Das seien aber gerade oft die ärgsten Lasterknechte, Feinde Gottes, Antichristen, Flucher, Ehebrecher. Aber wenn man auch bei solchen Leuten Hilfe finde, so sei die Hilfe nur eine scheinbare. Denn bald nach dieser scheinbaren Hilfe kämen viel schlimmere Krankheiten, und da müssten die Kranken immer wieder zu denselben Leuten laufen und kämen dadurch unter solch eine Gewalt Satans, dass in solchen Häusern, wo man auf solch eine Weise immer wieder Hilfe suche, Menschen und Vieh alle möglichen, oft ganz geheimnisvollen Krankheiten hätten. Ich sagte ihr auch: »Solche Leute, die auf diese Weise Hilfe suchen, kommen derart unter die Gewalt finsterer Mächte, dass der Teufel Macht bekommt, sie in alle möglichen Sünden, oft in schwere und unnatürliche Fleischessünden hineinzustürzen. Und wenn sie in diesem Zustand in die Ewigkeit kommen, ohne dass sie gründliche, wahre Buße getan und Vergebung dafür gefunden haben, dass sie solche verbotene Hilfe in Anspruch genommen haben, dann kommen sie als Gefangene des Satans in die andere Welt und müssen dort dem Teufel dienen.«

Als ich ihr dies auseinandergesetzt hatte, erschrak sie im Innersten und sagte: »Ach, mein Gott, das ist ja meine Geschichte! Jetzt ist es mir auf einmal klar, woher meine Krämpfe kommen.«

Und dann erzählte sie, sie habe in ihrem vierzehnten Lebensjahr Gliederrheumatismus gehabt. Da hätten die Eltern sie zu einem Weib gebracht, das mit Sympathie heilte. Diese habe ein Amulett geschrieben, das sie fest zuband und ihr um den Hals hängte, und geboten, morgens vor Sonnenaufgang an ein fließendes Wasser zu gehen, wo es viele Krebse gebe und sie leicht einen Krebs finden könne. Diesem müsse sie das Amulett über den Schwanz binden und ihn dann unter Beschwörung der drei höchsten Namen dreimal hinter sich werfen.

Sie habe das getan, und da sei ihr Gliederrheumatismus augenblicklich verschwunden gewesen.

Aber dann sei sie bald darauf in schwere Jugendsünden gefallen. Und seitdem habe sie diese Krämpfe, die sich dann immer häufiger einstellten.

Da sagte ich: »Gott sei Dank! Jetzt ist die Ursache ans Licht gekommen.« Ich betete dann mit ihr, und jetzt konnte Gott die Gebete hören. Sie wurde vollständig von den Krämpfen frei und lebte etwa noch 20 Jahre lang.

Beiläufig möchte ich hier sagen, dass ich in meiner langen Evangelistentätigkeit gefunden habe, dass so viele Eltern ihre Kinder schon in früher Jugend und oft schon in der Wiege an die finsteren Mächte verkauft haben dadurch, dass sie bei Krankheiten für ihre Kinder Hilfe gesucht haben bei solchen Zauberern, Streichern, Blasern, kurzum bei Sympathie und Aberglauben.

Wir haben Häuser gefunden, wo fast keiner der Bewohner mehr gesund war und wo jahrelang furchtbare Zaubereisünden im Schwange gewesen waren. Wenn sie aber diese Sünden als das erkannten, was sie sind, als furchtbare Zaubereisünden, und sie bekannten, so hat Gott allmählich alle wieder geheilt.

Dafür will ich ein Beispiel anführen.

Wir hielten Versammlung in einer Familie. Sie gehörte schon seit Jahren der Herrnhuter Brüdergemeine an. Hier war meines Wissens kein Glied der Familie mehr gesund. Das eine hatte epileptische, ein anderes andere Krämpfe, ein weiteres den Veitstanz, kurzum die Familie war das reine Lazarett.

Die Geschwister baten, wir möchten für sie ins Gebet gehen, was wir auch taten. Aber je anhaltender wir für sie beteten, desto mehr mussten wir entdecken, dass sie selbst, ihre Eltern und Voreltern allen möglichen Arten von Zaubereisünden verfallen waren. Es ist gar nicht auszureden, in wie viele Dinge des Aberglaubens sie verstrickt waren. Die Mutter selbst hatte bei Krankheiten viele Kinder der Stadt und Umgegend durch Aberglauben und Zauberei geheilt und hatte keine Ahnung davon, dass sie sich dadurch zu einer Teufelsmagd hergegeben hatte. Es ist schwer zu beschreiben, welch eine Beschämung über die Familie kam und welch eine tiefe Buße sie tat, als sie das alles erkannte, aber der Herr tat dann auch manches: fast alle Familienglieder wurden befreit. Aber immer neue Dinge fielen ihnen ein, die sie getrieben hatten, von denen sie oft selbst nicht wussten, ob es Zauberei oder Aberglauben sei.

So kam z. B. eines Morgens der Hausvater zum Kaffee mit der Mitteilung: »Wie ich jetzt noch halb schlafend, halb wachend im Bett lag, erinnerte ich mich, dass wir auch Hufeisen an die Türschwellen genagelt haben.« Ich möchte ihm doch sagen, ob das auch Aberglauben oder Zauberei sei. Ich gab ihm zur Antwort, das könne ich ihm erst sagen, wenn er mir ganz genau sage, zu welchem Zweck er diese Hufeisen aufgenagelt habe. Kein vernünftiges Geschöpf tue etwas ohne Zweck, ohne Ziel, ohne dass es damit etwas erreichen wolle. Er solle mir sagen, warum er die, Hufeisen aufgenagelt habe, was er damit bezweckt habe.

– Er sagte, das Hufeisen habe Glück bringen sollen. Da erwiderte ich: »Wenn das Hufeisen Glück bringt, so ist das ein Gott. Denn ihr erwartet das von dem Hufeisen, was ihr nur von Gott erwarten könnt und dürft. Solche Leute, die keine Götzendiener sind, die erwarten alles Glück nur von dem einen Gott. Denn die Bibel sagt: Es kommt alles von Gott, Glück und Unglück. Wenn ihr aber das, was ihr nur von Gott erwarten sollt, von einem Hufeisen erwartet, dann machet ihr das zu eurem Gott, und den wahren Gott setzt ihr auf die Seite. Es ist sehr undankbar von euch, dass ihr nicht niederkniet und das Hufeisen anbetet und ihm dankt, wenn es euch Glück bringt. Das ist aber nicht nötig, denn ihr habt das Hufeisen schon angebetet; dadurch, dass ihr von dem Hufeisen etwas erwartet habt, was ihr nur von Gott zu erwarten habt, habt ihr ihm göttliche Ehre erwiesen, und das ist der abscheulichste Götzendienst.«

So lösen sich alle die vielen Formen des Aberglaubens, wenn man sie analysiert, in den abscheulichsten Götzendienst auf. Ich fuhr fort: »Ich glaube einmal gehört zu haben, dass die Inder, wenn sie krank werden, eine alte Kuh ans Krankenlager schaffen, damit der Kranke den Kuhschwanz in die Hand nehmen kann. Denn sie glauben, in dem Kuhschwanz sei eine Gottheit, die sie gesund machen könne. Wenn aber ein Christ von einem Hufeisen Glück erwartet, so ist das noch unter den Indern. Denn in dem Kuhschwanz ist doch noch ein bisschen Wärme, Blut und Leben, in einem Hufeisen aber gar nichts.«

Als ich vor Jahren ins Palästina war, da ließ mich ein Dr. Schuhmacher einmal in einem Raum seines Hauses unter anderem Götzen sehen, die er in Palästina aus der vorisraelitischen Zeit ausgegraben hatte. Unter diesen Götzen gab es solche, die kleiner waren als ein kleiner Finger. Aber ich musste denken, unsere Christenheit ist ebenso töricht: da machen Unzählige aus dem großen, starken, mächtigen Heiland einen Götzen, der ebenso klein ist wie die Götzen der alten Heidenvölker Kanaans.

### *2. Von dem Segen und der Notwendigkeit anhaltenden Gebets*

In den Erinnerungen ist die Entstehung und der äußere Werdegang unserer drei Anstalten beschrieben. Über den Geist, über die Grundsätze und vor allem über die tausendfachen Erfahrungen, die man in diesen Häusern machen durfte, ist bisher kaum etwas gesagt. Ich halte es aber für meine Pflicht, darüber noch verschiedenes mitzuteilen. Indessen ist das ein so weites Gebiet, dass man fragen möchte, wo man anfangen und aufhören soll mit allem, was man da erfahren hat.

Ich muss vorausschicken, dass man in keiner Arbeit so sehr die eigene Ohnmacht fühlt und spürt, was der Gemeinde abhandengekommen ist: die Geisteskräfte und Geistesgaben der apostolischen Zeit. Denn in solchen Häusern lernt man in das mannigfachste Elend hineinschauen; dahin kommen die verschiedensten Menschen mit tausendfachen satanischen Gebundenheiten leiblicher, geistiger und seelischer Art. Und man sieht auch, wie die vielen Arten von Aberglauben, Zauberei, Spiritismus, Sympathie, Theosophie, Wahrsagerei und auch die Pfingstbewegung die Menschen in ein tiefgehendes, tausendfaches Elend, ja in die direkte Gewalt und Macht Satans hineinbringen, sodass ich oft sagen musste: »Wir haben ein Geschlecht, das doch in alle tausend Teufel hineintappt«. Und dann liegen sie, von aller Art satanischer Mächte gebunden, wie Jesaias (51, 20 nach alter Übersetzung) sagt, da »wie ein verstrickter Waldochse«. Und weil es an den apostolischen Kräften fehlt, so gibt es in unserer Zeit nur ein Mittel, durch das auch viele wieder aus den ärgsten Satansbanden frei werden: das ist das anhaltende Gebet. Manche hatten sich so tief in die Gewalt Satans hineinbegeben, dass wir oft einen Aufruhr und die Wut der Hölle erregten. Da, als wir ihnen zur Freiheit verhelfen wollten, mussten wir immer erfahren, dass nur dann Kranke geheilt, leiblich und geistlich Angefochtene und Gebundene frei wurden, wenn wir in einem anhaltenden Gebetsleben blieben.

Ja, bisweilen mussten wir auch beobachten, was der Herr seinen Jüngern sagte, als sie einen Dämon nicht austreiben konnten: »Diese Art fährt nicht aus, als durch Fasten und Beten.« Aber ebenso nötig ist es, wie wir auch erfahren mussten, dass beide, die beten, und die, für die man betet, von allem Bann, auch vom feinen und allerfeinsten, gelöst werden. Wie oft, wenn Gott aufs Gebet keinen Sieg mehr gab, mussten wir wieder zusammenkommen, prüfen und erforschen, ob nicht wieder irgend ein feiner Bann zwischen Gott und uns hereingekommen sei. Auf unser Gebet hin wurde uns da manches Strafbare, das uns bis dahin unbewusst gewesen war, aufgedeckt und musste erst hinweggeräumt werden. Wenn das geschehen war, wurden oft die mächtigsten Satansketten gesprengt. Und der Herr hat dann auf unser gemeinschaftliches Gebet hin an den Gebundenen das Wort erfüllt: »Er zerbricht eherne Türen und zerschlägt eiserne Riegel«. Oft machten wir indessen die Erfahrung, dass es nicht genügt, dass wir unser Gewissen und unseren Sinn reinigten und von jedem Bann befreit wurden, sondern dass Gott erst dann den Sieg gab und erst dann die Kranken befreite und heilte, wenn auch diese sich von jedem groben und feinen Bann reinigen und befreien ließen.

Andererseits mussten wir auch erfahren, dass Gott nicht alle nach einer Schablone heilt. Mitunter heilte er auch solche schnell, die nicht gerade eine gründliche Buße und Reinigung erfahren hatten. Er wollte solchen helfen; er wollte sie seine Güte, Befreiungsmacht und starke Hilfe erfahren lassen, um sie dadurch zur Buße zu leiten und für sich zu gewinnen. Aber viele hat er auch erst zu einer gründlichen Heiligung und Reinigung geführt und sie Heilung erst dann erfahren lassen, wenn sie geheiligt waren. Das waren aber dann gründliche Heilungen, die uns am meisten, gefreut haben. Dann hat sich das Wort Jakobs erfüllt: »Ich habe den Herrn gesehen, und meine Seele ist genesen«. Wenn erst die Seele genesen ist und dann der Leib geheilt ist: das ist eine gründliche Heilung, eine Heilung des Leibes und der Seele.

Es ist vielleicht gut, hier einige Beispiele reden zu lassen, die vor allem die Notwendigkeit anhaltenden Gebets zeigen.

Als ich noch in Ostpreußen war, kam ein Jüngling, der Sohn eines mittleren Gutsbesitzers, hilfesuchend zu uns. Er sagte, er sei in solch einem furchtbaren Zustand, dass er sich habe erschießen wollen. Da habe ein anderer Jüngling zu ihm gesagt: »Tue das nicht! Ich war im gleichen Elend. Da ging ich zu den Geschwistern Blaich und Seitz nach Bahnau; und dort hat mich der Herr aus meinem Elend herausgerissen. Geh du auch nach Bahnau, der Herr wird helfen.« Er kam dann zu uns, war sonst ehrlich und aufrichtig, aber bekannte so viele und so schauerliche Gräuel, dass man auch an ihm sehen musste, in welche Sündenabgründe sich wohlhabende Leute mitunter hineinstürzen, weil sie sich alles leisten können. Er habe sein wildes Leben fortgetrieben, bis eines Nachts satanische Mächte in ihn gefahren seien. Er sprach sehr viel von der Nacht, in der höllische Mächte über ihn gekommen und Besitz von ihm genommen hätten. Aber in der ersten Zeit habe er noch mehr gesündigt, um Gott und dem Teufel Trotz zu bieten, und zwar dem Teufel damit, dass er wenig essen wollte. Er sagte sich, in die Hölle fahre ich ja doch, aber da soll der Teufel wenigstens kein Fett von mir kriegen. Aber seine Qual wurde von Tag zu Tag größer. Zweimal stand er mit dem geladenen Gewehr vor einem Tümpel, um sich dahineinzuschießen. In diesem schrecklichen Zustand kam er dann zu uns. Ich muss wiederholen, dass er aufrichtig und ehrlich alles bekannte und sich vor dem Worte Gottes beugte. Aber er konnte auch nicht einen Funken Glauben fassen; kein Evangeliumswort, kein Verheißungswort, kein Trostwort, gar nichts haftete an ihm. Immer behauptete er, für ihn gäbe es keine Rettung, keine Gnade mehr, er habe es zu arg getrieben.

Es war im Frühjahr vor Bruder Blaichs Abfahrt zu seiner großen jährlichen Evangelisationsreise. Ich sagte zu Blaich, ich müsse jetzt Feld und Garten bestellen, er solle sich seiner annehmen. Wenn ich damit fertig sei, sei es für ihn Zeit zu reisen, dann wolle ich mich seiner annehmen. Wenn irgendjemand solche Leute zum Glauben bringen konnte, so war es Bruder Blaich. Aber er hat all sein Pulver verschossen, ohne etwas an dem armen Menschen zu erreichen. Nach Blaichs Abreise erging es mir ebenso. Sowohl meine Frau als ich haben uns vergeblich um ihn bemüht: der junge Mann blieb in dieser Verzweiflungsnacht. –

Da sagte ich zu meiner Frau: »Wenn der von uns fort muss, ohne dass ihm geholfen wird, dann nimmt er sich sicher das Leben. Denn er ist wirklich vom Feind übel geplagt, und seine Qualen sind groß. Wir müssen wieder darangehen, hier anhaltend zu beten.« Wir beteten anhaltend, stundenlang bei Tag, und meine Frau und ihre Freundin oft bis tief in die Nacht hinein. Wie wir das eine Zeitlang getrieben hatten, da gab's ihm eines Abends von innen heraus so furchtbare Bruststöße, dass er so zu schreien anfing, dass die Nachbarschaft zusammenlief und sich vor das Haus stellte und ich fürchtete, man schicke uns die Polizei auf den Hals. Dabei schleuderte es ihn im Zimmer umher, dass die Stühle umfielen.

Das veranlasste uns, dass wir an diesem Abend das Beten einstellten; denn jedes Mal, wenn wir mit Beten aufhörten, hörte auch sein Geschrei auf. Ich kam nun auf den Gedanken, bis an den nächsten Abend zu warten und ihn statt im Erdgeschoß oben im Haus unterzubringen.Wir gedachten dann in einem Zimmer unten im Haus wieder wie bisher zu beten, aber erst, wenn er schlafe. Wir legten außerdem einen anderen Jüngling mit in sein Zimmer, der uns dann melden sollte, wann er schlafe, sodass es ganz ausgeschlossen war, dass jener etwas davon merkte, dass wir für ihn beteten. Als wir aber mit Beten anfingen und kaum eine Weile gebetet hatten, mussten wir wieder dasselbe furchtbare Geschrei und Gepolter wie am Abend vorher hören. Aber jetzt dachte ich: Komme ich um, so komme ich um. Und nun hörten wir nicht mehr auf zu beten, selbst auf die Gefahr hin, dass die Polizei uns auf den Hals käme. So beteten wir bis Mitternacht fort. Auf einmal hörte das Geschrei ganz auf, aber dafür fing eine Art sehr lautes Reden an. Da schlich ich mich an seine Tür hinauf, um zu horchen. Ich hörte, dass es Geschrei aus tiefster Seele zu Gott war. Er schrie: »Ach, lieber Gott, ich hab's doch so schrecklich getrieben, wie es kein Rindvieh treibt. Aber du hast dich jetzt doch über mich erbarmt, du hast mich jetzt doch von diesen Teufeln freigemacht.« So war's ein abwechselndes Schreien und Danken zu Gott, dass er ihn jetzt doch freigemacht habe. Da ging ich in sein Zimmer hinein und bat ihn, er solle auch, wenn er bete, aus Rücksicht auf die Nachbarn nicht so laut schreien; und das tat er dann auch und betete noch längere Zeit fort. Am nächsten Morgen kam er freudestrahlend und sagte, jetzt sei er frei. Der Jüngling, der bei ihm im Zimmer war, erzählte uns, dass, bevor er frei geworden sei, Dämonen aus ihm heraus geredet hätten, die sagten: »Wir müssen gehen; dies ewige Beten kann keiner aushalten«. Das zeigt, was das anhaltende Gebet für eine Macht ist. Und er war dann wirklich frei.

Eines war uns allen dabei auch wunderbar: jetzt konnte er glauben, und zwar so, als ob der Geist Gottes über ihn gekommen sei. Die Wirkung dieses Geistes zeigte sich in unseren Gebetsversammlungen: da betete er immer zuerst, und in so freudigem Geiste und in solcher Kraft, dass alte, erfahrene Christen den größten Segen von seinen Gebeten hatten. Als er wieder in seine Heimat zurückkehrte, arbeitete er in großem Segen an seinen Jugendgenossen. Dieser junge Mann war für uns nur eines der Beispiele dafür, wie wir sie hin und wieder erlebten, dass es auch Gebundenheiten gibt, wo der Gebundene nicht glauben kann, weil finstere Mächte ihn zu sehr gebunden haben, und es ihm erst dann möglich ist zu glauben, wenn durch priesterliche Fürbitten diese finsteren Mächte gebrochen und vertrieben werden.

Nur noch ein Beispiel dieser Art. Als ich Bahnau noch nicht in Besitz hatte, sondern nur Gast bei den Geschwistern Doepner war, brachte man mir eine Instfrau, die mit ihrem Manne und den Ihrigen auf einem größeren Rittergut diente. Sie war mit einem solchen Schwermutsgeist gebunden, dass sie sich fort und fort das Leben nehmen wollte. Wo sie ein Messer sah, fühlte sie sich dazu versucht; kam sie an einem Wasser vorbei, so zog es sie, sich hineinzustürzen. Aber ich war voll Siegeszuversicht, weil ich kurz vorher in einigen schweren Fällen Glaubens- und Gebetssiege erfahren hatte. Jedoch hier war es ganz anders; je anhaltender und eindringlicher ich betete, desto stärker brach der Unglaube aus dieser Frau heraus. Trotz ihrer inneren Qual und ihrem verzweifelten Aussehen konnte sie noch nach uns schlagen, wir sollten doch das Gebet aufgeben, denn ihr könne nichts mehr helfen, kein Gott, kein Heiland, kein Engel und kein Gebet. Ich muss bekennen, dass ich eigentlich noch nicht sehr viel gefastet hatte. Aber hier sah ich's, wenn die Frau frei werden sollte, musste ich's tun, und so schloss ich mich drei Tage ein, um zu fasten und zu beten. Während dieser Zeit kamen in, Haus, Hof und Stall furchtbare Gegenwirkungen, die ich nicht veröffentlichen darf und will. Aber ich fühlte doch, dass ich eine solche Glaubenskraft angezogen hatte, dass diese Macht geschwächt wurde. Da ließ ich noch einen Bruder kommen, an dem ich immer hinaufsah, der auf diesem Gebiet viele Erfahrungen gemacht hatte, wie ich dazumal meinte. Ich dachte ganz gewiss, wenn der mir noch einige Tage helfen werde, dann werde die Hilfe durchbrechen und die Kranke werde befreit werden. Der Bruder hat mir nur einen oder zwei Tage geholfen. Da sagte er zu mir, ich solle diese Frau fortschicken, da helfe nichts, sie habe gar keinen Glauben. Und wenn er auch für sie bete, so spüre er gar keinen Gebetsgeist. Das machte einen solchen Eindruck auf mich, dass ich die Frau noch am gleichen Tage nach Hause schickte. Wir beide, der Evangelist und ich, reisten dann drei Wochen und hielten Versammlungen.

Aber da bekam ich solch eine Unruhe und solche Gewissensbisse, weil ich den Kampf aufgegeben hatte, dass ich jetzt auf der Reise erst recht für sie betete. Immer vor und nach den Versammlungen setzte ich den Gebetskampf fort. Und als ich nach den drei Wochen wieder nach Hause zurückkehrte, kam man mir freudestrahlend entgegen und erzählte mir, dass die Frau frei geworden sei. Sie habe eine Anzahl gläubiger Frauen und Jungfrauen bei sich vereinigt, um ein Dankfest zu feiern. Hier war das Gleiche wie oben zu sehen, dass diese Gebundene eben nicht glauben konnte und auch nie zum Glauben durchgebrochen wäre, wenn diese furchtbaren Mächte, die sie gebunden hielten, nicht zerschlagen und gebrochen worden wären durchs die Macht anhaltenden Gebets. Als aber diese Mächte gebrochen waren, da konnte sie glauben.

Drei Jahre lang blieb die Frau frei, nämlich solange sie Gott treu blieb. Aber nach dieser Zeit wurde sie immer schläfriger, kälter und zuletzt ganz tot für Gott und sein Wort und kam auch in keine Versammlung mehr. Endlich hörten wir, dass sie wieder ganz in die Welt gegangen sei und die ärgsten Fastnachtsnarrheiten mitgemacht habe. Was aber mit Sicherheit vorauszusehen und zu befürchten war, dass es mit ihr ärger würde als früher, das ist auch eingetroffen. Sie kam wieder zu uns und war wieder in einem so furchtbaren Zustand, dass es ein Gestöhne, Gejammer und Wehklagen der Verzweiflung war; jetzt suchte sie wieder Hilfe. Ich selbst konnte aber gar keinen Mut und keine Freudigkeit finden, wieder für sie einzustehen, weil mir alle diese schweren Kämpfe vor Augen standen, die es das erste Mal gekostet hatte, bis sie herausgekämpft war. Und ich glaubte, es werde jetzt siebenmal ärger sein, wie das Evangelium sagt. Ich stellte ihr vor, was für ein frecher Leichtsinn das von ihr gewesen sei, da sie doch gesehen habe, was für furchtbare Kämpfe es uns vor drei Jahren gekostet habe, bis sie frei geworden sei, und wie sie nun so gottvergessen habe sein können, an das alles nicht mehr zu denken, und wie sie so tolle Narrheiten, wie die Fastnachtsnarrheiten, habe mitmachen können. Darauf hörte ich immer nur das eine: »Ich weiß wohl, ich weiß wohl, aber betet, betet; das kann ich nicht mehr aushalten, ich muss mir das Leben nehmen, die Qualen sind zu groß.« Da waren es meine Leute und einige Geschwister der Versammlung, die mehr Mut hatten als ich und den Gebetskampf aufnahmen. Es war mir das auch ein hocherfreuliches Zeichen dafür, wie die Geschwister in der Umgebung im Glauben gewachsen und erstarkt waren, und andererseits beschämte es mich, sodass ich nun auch mit eintrat. Wir durften aber bald merken, dass es diesmal lange nicht so schwer ging wie das erste Mal. Vielleicht durfte man das auch dem Umstand zuschreiben, dass die Frau bald wirkliche Reue und Buße zeigte und nicht mehr so ungläubig war wie das erste Mal; auch waren wir eine größere Gebetsmacht als vor drei Jahren: und so wurde sie viel früher frei. Jetzt blieb sie treu, ging auch immer in die Versammlungen, aber trotzdem kam nach weiteren drei Jahren die Feindesmacht wieder über sie, aber diesmal war es nicht durch eigene Sünde und Untreue verschuldet, sondern die Kinder hatten der Herrschaft Kartoffeln, Runkeln und anderes gestohlen; damit war sie zwar nicht einverstanden gewesen, aber sie war auch nicht ernstlich genug dagegen aufgetreten. Dadurch bekam der Feind doch ein Recht und eine Macht an sie. Sie trat jetzt energisch dafür ein, dass der Gutsherrschaft das von ihren Kindern Gestohlene zurückerstattet wurde. Da wurde sie auch gleich wieder ganz frei, der Feind hatte seine Rechte und seine Macht an sie verloren. Sie blieb nun bis an ihr Ende dem Herrn treu.

Ich halte es doch für nötig, bei dieser Gelegenheit etwas über die Erfahrungen mitzuteilen, die wir mit dem Sündenbekenntnis auch vor Menschen gemacht haben.

Es wurde uns hin und wieder der Vorwurf gemacht, in unserem Hause dringe man zu sehr auf das Bekennen der Sünde. Ich selbst habe aber im Laufe der vielen Jahre, in denen ich Seelenpflege getrieben habe, an Hunderten von Beispielen erkennen müssen, wie durchaus nötig dies in der Schrift ausdrücklich geforderte Bekenntnis der Sünden ist. Es gibt immer Leute, die sagen, das Sündenbekenntnis vor Menschen, das der Apostel Jakobus mit den Worten fordert: »Bekennet einander eure Sünden«, sei etwas Katholisches. Da musste ich immer wieder sagen und möchte dem auch hier Ausdruck geben, dass es durchaus nicht katholisch, sondern durch und durch apostolisch und lutherisch ist. Wenn Johannes der Täufer sagt: »Sehet zu, tut rechtschaffene Früchte der Buße«, so gehört dazu auch das Sündenbekenntnis vor einer priesterlichen, geheiligten Seele. Außerdem gehört es zur rechtschaffenen Buße, dass man alles, was man noch gutmachen kann, gutmacht. Zum Beispiel hat der Heiland erst dann zu Zachäus gesagt: »Heute ist diesem Hause Heil widerfahren«, als Zachäus sagte: »Wo ich jemand betrogen habe, das gebe ich vierfältig wieder«. Wir haben es aber tausendfach erfahren müssen, dass, wer einen Betrug oder Diebstahl begangen hat und das Betrogene oder Gestohlene nicht zurückerstatten will, wenn er es kann, eben nicht glauben kann und im Banne liegen bleibt. Ebenso ist es, wenn er nicht nach dem Wort handeln will: »So dein Bruder etwas wider dich hat, so versöhne dich zuerst mit deinem Bruder, und alsdann komm und opfere deine Gabe«. Da kann man beten, schreien, es hilft alles nichts, wenn Menschen unversöhnlich sind und nicht dem Worte gehorchen und mit der Unversöhnlichkeit brechen wollen.

Auch für diese wichtige Sache möchte ich ein Beispiel anführen:

Ein Bruder, der eine hohe gesellschaftliche Stellung einnahm, kam in mein Haus und erzählte mir, er sei schon 13 Jahre bekehrt, aber seit acht Jahren seien ihm zwei außerordentlich schwere Sünden aufgedeckt worden, und da habe ihm sein Gewissen gar keine Ruhe gelassen; er müsse irgendwo eine Priesterseele suchen und diese Sünden bekennen. Er habe dieser Stimme acht Jahre lang widerstanden. Es sei seinem verborgenen Hochmut zu schrecklich gewesen, diese Sünden vor jemand ans Licht zu bringen. Aber der Geist Gottes und er hätten diese acht Jahre lang im Kampf gelegen. Der Geist Gottes habe ihn immer wieder auf die Forderung des Bekenntnisses hingewiesen, und er habe dieser Forderung so widerstanden, dass er im Kampf gegen diese Stimme seine Nerven aufgerieben habe. Und jetzt könne er diese Stimme nicht weiter bekämpfen, er sei nur deshalb hierher gereist, um sich von dieser furchtbaren Gewissenslast und Gewissensanklage zu befreien. Als er dies getan hatte, da war er so namenlos beglückt und hatte eine solche Freude, dass ich fürchtete, seine Freude könne etwas ins Seelische übergehen, und ich warnte ihn davor. Da sagte er mir, ich könne mir gar keine Vorstellung machen, in was für einen Himmel er sich versetzt fühle, dass er von dieser furchtbaren Last und Gewissensangst jetzt befreit sei, unter der er acht Jahre lang gestanden habe. Und jetzt könne er glauben, was Johannes sagt: »So wir unsere Sünden bekennen, so ist er treu und gerecht, dass er uns die Sünden vergibt«.

Noch ein ähnliches Beispiel möchte ich anführen. In der ersten Zeit meines Hierseins in Teichwolframsdorf kam ein Reichsgottesarbeiter zu mir, der in einem wichtigen Zweig christlicher Tätigkeit stand. Er sagte mir, dass er seit Jahren in den verschiedensten Versammlungen Ruhe gesucht habe. Er sei in die Landeskirchlichen Versammlungen gegangen, in die der Baptisten, Methodisten, Herrnhuter, Darbysten usw., und nirgends habe er Ruhe gefunden. Das sei aber daher gekommen, dass er in eine schwere Sünde gefallen sei, und nachher habe ihm sein Gewissen gar keine Ruhe gelassen und gesagt: »Du musst diese Sünde bekennen«. Außer dieser großen, schweren Sünde seien es auch noch verschiedene minder schwere Sachen, die sein Gewissen verklagten, und weil er gesehen habe, dass keine Ruhe werde, bis er Gott und seinem Wort nachgebe, sei er jetzt hierhergekommen, um sein Gewissen durch Bekenntnis zu entlasten. Es sei für ihn so schwer, wie wenn er an den Galgen müsse, diese Dinge ans Licht zu bringen. Nun bekannte er. Am nächsten Morgen kam er und war noch viel schrecklicher geplagt. Er sagte, jetzt fühle er sich ganz in der Hölle. Aber das komme daher, sein Sündenbekenntnis sei eine Heuchelei gewesen. Er habe nur die leichteren Dinge bekannt, aber die groben und großen habe er verschwiegen. Er habe den Fehler gemacht, dass er zuerst die kleinen Dinge bekannt habe; wie er aber die schweren Dinge bekennen sollte, habe er nicht mehr gekonnt. Heute wolle er das Gegenteil tun; jetzt wolle er das Allergröbste und Schrecklichste, das ihm das Ärgste sei, zu allererst bekennen. Und das tat er denn auch. Da ging es freilich besser, vom Ärgsten an herunterzugehen. Als aber dieses bekannt war, fühlte sich dieser Mann namenlos glücklich und ist auch in diesem Glück geblieben. Der furchtbare Bann, der zwischen ihm und seinem Gott lag, war weggeräumt.

Derartige Beispiele haben wir zu Hunderten oder vielleicht zu Tausenden erfahren. Darum ist es ganz falsch, wenn manche Leute sagen, das biblische Sündenbekenntnis sei katholisch. Nein, es ist durch und durch apostolisch und reformatorisch; denn die Reformatoren haben einander die Sünden bekannt. Luther hat bis an sein Ende seinen Beichtvater gehabt und hat vom biblischen Sündenbekenntnis so große Stücke gehalten, dass er es zuerst zu einem Sakrament erheben wollte. Aber später ließ er es fallen, weil er erkannte, dass es nicht gerade ein Sakrament ist. Luther und die Reformation überhaupt haben keine Schuld daran, sondern nur seine oberflächlichen Nachfolger, dass das Sündenbekenntnis jetzt etwas Katholisches sein muss. Es hat sich aber immer gezeigt, wo es dem Geist Gottes gelungen ist, eine wahres bis auf den Grund gehende Erweckungs- und Bußbewegung zustande zu bringen: da hat es sich immer wiederholt, was im Evangelium steht: »Sie kamen und bekannten ihre Sünden«. In der großen Erweckungszeit, die der fast apostolischen Wunderzeit in Möttlingen vorausging, kamen Tag für Tag, wie Blumhardt schreibt, oft 10, 20, 30 bis 40 Menschen, die keine Ruhe mehr hatten, und brachten ihre Sünden vor ihn ans Licht. Aus seinen zwei Gemeinden waren es unter allen Männern nur eine verschwindend kleine Zahl, die ihre Sünden nicht bekannten.

### *3. Stockmayers Lehren eine Quelle der Freude und Kraft*

Eine Quelle höchster Freude und ungezählter Siege und Erfolge waren für mich selbst, für meine Frau, meine Mitarbeiter und Mitarbeiterinnen, für mein ganzes Haus und alle Gäste, die sich zu dieser Quelle führen ließen, die köstlichen Lehren, welche durch die Glaubensbewegung der letzten 50 Jahre, besonders durch Pfarrer Stockmayer und seine Mitarbeiter und durch Stockmayers Schriften auf den Leuchter gestellt wurden. Es waren dies durch und durch biblische Lehren, zum Teil Wahrheiten, die im Laufe der Jahrhunderte verschüttet worden waren und die nun durch den Geist Gottes in ihrer ganzen Herrlichkeit und Kraft wieder ans Licht gezogen wurden.

Es ist uns gegangen, wie es so vielen redlichen Seelen geht, die ganz aufrichtig kämpfen und ringen, von ihrem Ich- und Selbstleben frei zu werden, die gegen ihre alte Adamsnatur kämpfen, dass sich ein Stein erbarmen möchte, und doch nicht frei werden. Denn es ist ihnen noch das Geheimnis verschlossen, wie man wirklich von sich selbst erlöst wird. Wir durften erkennen, wie der Geist Gottes durch die Reformation angefangen hat, die Mosesdecke, die uns Christus und sein ganzes Werk verhüllte, zu zerreißen. Die Reformation hat vor allem die Rechtfertigung durch den Glauben wieder ans Licht gebracht, die Frieden mit Gott gibt und ohne Verdienst aus Gnaden zugerechnet wird. Aber in der Glaubensbewegung der letzten 50 Jahre hat der Heilige Geist viele Stücke dieser Mosesdecke zerrissen, die der Gemeinde noch verdecken konnten, dass Christi Tod auch der Tod unseres alten Adams ist, dass Christus uns mit seinem Tod auch von unserem Ichleben völlig erlöst hat. Nun braucht man nicht mehr zu klagen und zu jammern: »Ich elender Mensch, wer wird mich erlösen vom Leibe dieses Todes?«, sondern man darf mit dem Apostel in den Jubelruf ausbrechen: »Christus hat mich frei gemacht vom Gesetz der Sünde und des Todes«. Man braucht nicht mehr zu sagen: »Wenn Christus mich nicht von meinem Selbst befreien kann, so ist er nicht mein Erlöser«. Denn wenn auch diese letzten Stücke der Mosesdecke zerrissen sind, dann sieht der Mensch auf einmal klar und hell, dass der Tod Christi ihn von seiner Adamsnatur, von allem eigenen Leben erlöst und befreit hat.

Welch ein Licht kommt da über die Seelen, welche Siegeskräfte, welche Freude, wenn man dies wirklich kindlich glaubt: Christi Tod ist mein Tod, Christi Auferstehung meine Auferstehung. Ich bin mit Christus meinem ganzen adamitischen Leben, Treiben und Wesen gekreuzigt, gestorben und begraben. Alles Verfluchte der eigenen Natur ist begraben worden mit Christi Begräbnis, und das Alte ist vergangen in Christi Grab. Worte wie: »Was Christus gestorben ist, ist er der Sünde gestorben; was er lebt, das lebt er Gott. Also auch ihr, haltet euch für tot der Sünde und lebend für Gott!« sind ein unendlich reiches Kapital, das dem Einzelnen und der Gemeinde verloren geht, solange man es nicht erkennt und für sich im Glauben kindlich nimmt. Aber große Ströme voll Leben, voll Kräfte, Sieg und Freude fangen an zu quellen bei denen, die solche Worte kindlich, einfältig und festiglich im Glauben ergreifen und verwirklichen. Wo diese Erkenntnis noch nicht durchgebrochen ist und wo es an diesem Licht noch fehlt, da kommen die lauteren, aufrichtigen Seelen in umso größere Nöte, je lauterer und aufrichtiger sie sind. Denn einerseits wollen sie ihr Leben hassen, wie es der Heiland fordert, mit ihrem Ich- und Selbstleben ins Grab gehen, andererseits versuchen sie es in eigener Kraft, und doch ist auf diesem Wege kein noch so treues Ringen, keine noch so große Anstrengung imstande, sie von ihrem Selbst zu erlösen. Das treibt sie zu dem Klageruf: »Ich elender Mensch, wer wird mich erlösen von dem Leibe dieses Todes?« Und so bleibt man, auch wenn man's noch so redlich meint, an sich selbst gebunden. Aber an sein eigenes Ich gebunden sein, heißt an etwas, das auf Golgatha verflucht worden ist, an den ersten Mann noch gebunden sein (Röm. 7, 1-3), und des Verbundenseins mit dem zweiten

Mann, mit Christus, ermangeln zu müssen. Wo aber alle Fetzen dieser Mosesdecke zerrissen und hinweggetan sind, da sieht man klar und hell, dass Christus mit dem ersten Mann, mit meinem alten Adam, auf Golgatha fertig geworden ist. Ich sehe dann das Kreuz des Erlösers: dieses hat meine alte Adamsnatur und die ganze adamitische Welt verflucht und hat mich auch von allem Verfluchten erlöst. Ich bin von der Sünde, von der Welt, von meinem Ich- und Selbstleben befreit, aber nicht durch mein Ringen, durch mein Kämpfen, durch meine eigene Bemühung, sondern nur durch Christi Tod. Und wer das in wirklichem Glauben ergreift, der ist nicht mehr an den ersten Mann gebunden. Er ist an den zweiten Mann gebunden, er ist ein Geist geworden mit Christus. Er lebt in Christus, und Christus lebt in ihm. Und er ist nur noch für Christus da und Christus für ihn. Er kann mit dem Apostel Paulus rühmen: »So lebe nun nicht ich – mein Ich lebt nicht mehr –, sondern Christus lebet in mir.« Ich bin mit Christus gekreuzigt. Auch bis ins Leibesleben ist man für den Herrn da; es erfüllt sich das Apostelwort: »Der Leib für den Herrn und der Herr für den Leib«. Wo das nicht nur gelehrt, erkannt und geglaubt, sondern ganz ausgelebt wird, da darf man erfahren, was Paulus dem Timotheus schreibt (1. Tim. 4, 16): »Wo du solches tust, wirst du dich und alle, die dich hören, selig machen.« Wo man das glaubt und auslebt, da hat man eine große, bleibende Freude und Seligkeit und ein wirkliches Siegesleben, und es erfüllt sich etwas von dem Wort: »Ewige Freude wird über ihrem Haupte sein, Freude und Wonne wird sie ergreifen« (Jesaja 35, 10).

Uns wurde klar, dass wir mit Christo gekreuzigt, gestorben, begraben, auferstanden und ins himmlische Wesen versetzt sind durch das, was er am Kreuze vollbracht hat. Wir hielten uns nach Röm. 6, 10. 11 der Sünde für tot, aber Gott lebend in Christo Jesu, unserem Herrn. Wir wussten, dass in Jesu heiligem Leibe die Macht der Sünde gebrochen ist. Wir trennten uns von unserer alten adamitischen Art, von der uns Christus erlöst hat. Wir nahmen Stellung gegen unser Ich- und Selbstleben, das verflucht, gerichtet und gekreuzigt ist, wurden uneins mit uns und eins mit Gott. Dadurch, dass wir erkannt hatten, dass es keinen anderen Weg gibt als den Lammesweg, um das selige Ziel der Umgestaltung in Christi Bild zu erringen, übten wir uns in der Praxis, wo der Herr Gelegenheit gab, im Tode zu bleiben und den Mund nicht selber für uns aufzutun, Stellung gegen uns zu behalten, das Schwert gegen uns zu zücken und uns zu hassen bis aufs Blut, uns immer treuer mit Christus zusammenzuschließen. Wir fragten nicht: Geschieht uns Recht oder Unrecht?, wenn es galt, Sterbens-, Leidens- und Kreuzeswege zu gehen. Wir haben uns nicht bemitleidet, denn sonst wären wir ja schon wieder mit unserem Ich- und Selbstleben verbunden gewesen. Wir waren eingetreten in die Todesstellung, und wenn Glaubensübungen eintraten und der Feind versuchte, uns ins Alte hineinzuziehen, so wussten wir, dass wir in Christo gedeckt sind vor uns selber und vor den Verhältnissen und vor dem Feind. Wir wussten, wir sind in dem Wahrhaftigen, und der Arge darf uns nicht aus Christo herauslocken. Wir haben uns nie für sündlos gehalten, denn Licht über unsere Sünden und Erlösung gehen immer Hand in Hand. Das Wort Gottes als scharfes, zweischneidiges Schwert hat ja immer mehr geschieden, was der Heilige Geist in uns gewirkt und zustande gebracht hat und was nicht. Es wurde uns immer klarer, dass hinter allem Seelischen auch das Teuflische stehen kann. Wir wollten uns nicht an den Gefühlen, sondern an Christus freuen. Man kann andere nicht weiter führen, als man selber geführt worden ist. Wir betrachteten unsere Aufgabe an den Gästen, die schon Gotteskinder und ihrer Sündenvergebung auch gewiss waren, sie doch dahin zu führen, die zweite Seite des Kreuzes zu erkennen. Sie kamen sehr oft hierher und wollten das Erlösungswerk, das Christus am Kreuze vollbracht hat, selber hinausführen. Christus hat uns nicht aufgetragen, dass wir seine Arbeit nach seinem Weggang von der Erde weiterführen und vollenden sollen, sondern er hat das Amt einem anderen übertragen, und das ist der Heilige Geist. Dieser konnte die Arbeit voll und ganz aufnehmen, als Jesus durch seinen Opfertod am Kreuze uns von unseren Sünden und unserer fluchwürdigen Natur befreit hatte. Der Heilige Geist kann nicht ohne uns das ihm vom Sohne aufgetragene Werk hinausführen, er bedient sich der Menschen, die ihr Leben darangegeben haben, die sich zum Ekel geworden sind. In solchen hat er eine Stätte gefunden, und hier wird es ihm gelingen, den Auftrag Jesu hinauszuführen Der Geist hat keinen Leib, weil er Geist und nicht Mensch ist. Aber er braucht einen Leib, und das ist der Leib Jesu, seine Gemeinde, wo er Christus in denen verklärt, die ihm Augenblick für Augenblick gehorchen. Die Kraft des Heiligen Geistes bekommt man, um schweigen, leiden, Todes- und Verleugnungswege gehen zu können. Wer so dem Heiligen Geist Raum macht und mit sich bis auf den tiefsten Grund seiner Gedanken geschieden bleibt, der erfährt das Wort in Jesaias (10, 27): »Das Joch soll verfaulen vor seinem Fette, das Joch der Last des eigenen Lebens zersprengt vor dem Fett des Heiligen Geistes«. Man erfährt es je länger, je mehr, dass der Heilige Geist so die Herrschaft und Regierung über uns bekommt, dass wir unter dem Gesetz des Geistes stehen. Der Vater hat seinem Sohn alle Macht und Herrlichkeit gegeben. Dieser Macht dürfen wir uns von Augenblick zu Augenblick anvertrauen. Leben wir in dieser Abhängigkeit von ihm, so erfahren wir, dass wir Sklaven des Heiligen Geistes sind, nicht Sklaven unserer Natur, unserer Lüste, Begierden und Leidenschaften. Man wird nicht mehr beherrscht von seinem Charakter, seinen Gewohnheiten oder der eigenen Kraft; der Heilige Geist hat eine bleibende Stätte in uns gefunden und macht uns zu einem Abbild Jesu Christi oder zu einem offenen Briefe Christi (2. Kor. 3, 3). Wir werden durchsichtige Geistesmenschen, denen man es ansehen kann: sie haben abgeschlossen mit allem, was den Geist hindern konnte, das Leben Jesu in ihnen zur Ausgestaltung zu bringen. Die Taufe des Heiligen Geistes vollzieht nicht der Heilige Geist, sondern der Herr Jesus in uns. Er konnte seine Jünger nicht mit dem Heiligen Geiste taufen, als er noch auf Erden bei ihnen war, er musste erst am Kreuze sein Werk vollbringen, welches ihm vom Vater aufgetragen war. Erst als er sein Leben zum Schuldopfer durch den ewigen Geist Gott geopfert und uns vom verfluchten Joch erlöst hatte, war es ihm möglich, am Pfingsttage die Jünger mit dem Heiligen Geist zu taufen.

Wozu brauchen wir eine Geistestaufe? Um Zeugen Jesu Christi zu sein. Wie wird man ein Zeuge? Etwa, wenn man ein Zeugnis von ihm ablegt, den Kopf voll schöner Reden oder voll Erkenntnis hat, recht gut die Wahrheit weiß und davon zu anderen reden kann? O nein, wir werden Zeugen, wenn man an uns Jesus sieht. Christus war ein Zeuge der Wahrheit, als er auf Erden war (Ap.-Gesch. 1, 1). Erst hat er getan und dann gelehrt. Er hat ein göttliches Leben gelebt, sein Leben war nicht hinter der Erkenntnis und Lehre zurück. Bei vielen Gotteskindern, die auch in unser Haus kamen, war es umgekehrt. Sie hatten eine tiefe Erkenntnis, aber im Leben war noch nicht alles Wirklichkeit geworden. Konnte der Heilige Geist sie null und nichtig machen und sie traten in die Todes- und Lebensgemeinschaft mit Christo ein, dann gingen sie in die alten Verhältnisse zurück und teilten uns mit, dass sie völligen Sieg in Christus hatten.

Im Anschluss an den letzten Abschnitt drängt es mich, allen, die dieses lesen, aufs Dringendste anzuraten, alle die Schriften, die noch von Stockmayer zu haben sind, sich anzuschaffen, sie gründlich und unter Gebet zu studieren. Ich habe das Glück gehabt, die gewaltige, durch Pfarrer Blumhardt hervorgerufene Möttlinger Bewegung zu sehen und zu genießen. Ebenso hat auch die geistesmächtige Jungfrau Trudel in meine Heimat hineingewirkt. Dennoch drängt es mich, das Zeugnis abzulegen: so Großes, Herrliches und Gewaltiges ich auch bei Pfarrer Blumhardt gesehen und erlebt habe, dass es mich bis zur heutigen Stunde in Bewegung gehalten hat, so war mir und den Meinigen das, was Gott durch Pfarrer Stockmayer gegeben hat, noch viel segensreicher und viel notwendiger als das, was wir in Möttlingen schöpfen durften. Pfarrer Blumhardt hat in jener Zeit einen wahren Alarmruf von seiner Kanzel in die Menschen hineintönen lassen, dass alle beten und rufen sollen, es müsse wieder eine Apostelzeit kommen. Aber von der ersten Zeit an, dass mich Gott mit Stockmayer zusammengeführt hat, durfte ich sehen, dass er eine Gabe und eine fast prophetische Kraft hatte, Christus und dem Heiligen Geist in den Herzen Bahn zu machen. Davon soll noch ein selbsterlebtes Beispiel folgen.

Pfarrer Stockmayer hörte ich zum ersten Mal bei den ersten Glaubensversammlungen, die in der Liederhalle in Stuttgart Anfang der siebziger Jahre stattfanden. Viele Menschen strömten zusammen. Aus der ganzen Art, wie er diese Versammlungen leitete, bekam ich sofort die Überzeugung: das ist ein Gesandter Gottes, den Gott seiner Gemeinde gegeben hat, um sie tiefer zu führen, in der Heiligung weiter zu bringen und biblisches, apostolisches Geistesleben zu fördern. Am letzten Tage der Versammlungswoche geschah etwas Wunderbares: ich selbst erfuhr eine wunderbare Kraftmitteilung von oben. Ich war ganz überwältigt, konnte auch in dieser Kraft längere Zeit in meiner Arbeit für den Herrn viel mehr wirken. Doch wollte ich es ganz verschweigen und keinen Menschen etwas davon wissen lassen. Als ich aber beim Abendbrot in der Villa Seckendorf in Cannstatt einem Dr. B. gegenüber saß, lachte mich der an und fragte mich: »Sage mir, was hast du heute gekriegt? Du hast etwas bekommen, ich sehe es dir an; ich hab's auch bekommen.« Gleich nach dieser Glaubensversammlung wurde ferner in Gemeinschaftsblättern berichtet, dass in derselben Stunde, in der wir das bekommen hatten, auf die meisten Versammlungsteilnehmer eine Geistesbeströmung gekommen sei. Es war also eine tatsächliche Mitteilung des Geistes und der Kraft von oben. Ich war aber gar nicht so sehr verwundert darüber. Im Gegenteil, mich hätte es beinahe gewundert, wenn es nicht so gekommen wäre. Denn Gott hat Stockmayer gebraucht, mit fast prophetischer Kraft alle die Hindernisse aufzudecken, die dem Geist Gottes für das Kommen Jesu in die Herzen im Wege stehen, und ebenso mit diesen Hindernissen aufzuräumen. Und wie in den Herzen Bahn gemacht, die Steine aus dem Wege geräumt worden sind, da ist der Herr und sein Geist auch über die Menschen und ihre Herzen gekommen.

Das habe ich übrigens oft gesehen in größeren und kleineren Versammlungen, die Stockmayer gehalten hat; fast immer gab es Durchbrüche des Geistes; man brach zu einem neuen Leben des Geistes und der Kraft durch. Aber dieselbe Wirkung haben auch alle seine Schriften; wer sie treu liest und auf die darin enthaltenen Wahrheiten eingeht, der macht damit dem Heiligen Geist und seiner Kraft Raum. Wenn bei mir sich im Innern »totes Fleisch ansetzen« wollte, d.h. wenn sich wieder etwas Ungöttliches einnisten wollte, und ich las in Stockmayers Schriften, so wirkte das wie Höllenstein, mit dem man totes Fleisch herausbrennt. Auf alles, was man in Stockmayers Schriften findet, will ich nicht eingehen. Ich bemerke nur, dass mir besonders immer das so wohltat, dass er alle die biblischen Ziele, wie sie von den Propheten, Jesus selbst und den Aposteln aufgestellt worden sind, so voll und ganz auf den Leuchter stellte. Dabei wurde man aber, um diese Ziele zu erreichen, so ganz und gar auf den Boden des Glaubens gestellt. In wie vielen Schriften, in denen man viel Gutes findet, steht man mit einem Fuß noch auf dem Boden des Gesetzes, des Ringens und Kämpfens in eigener Kraft, und mit dem anderen auf dem Boden des Evangeliums von der Gnade. Durch die Lehre und die Schriften Stockmayers wird man ganz befreit und geheilt von allem eigenen gesetzlichen Ringen und Kämpfen und ganz auf den Boden der Gnade und des Evangeliums gestellt. Auch das durfte man erfahren, dass es zu einem ganz anderen Fortschreiten und zu einem wirklichen Siegesleben kommt, wenn man das Wort Petri auslebt: »Verlasset euch ganz auf die Gnade, die euch angeboten ist.«

Es ist begreiflich, dass eine solche vom Geist Gottes gewirkte Strömung der Hölle sehr zuwider ist und dass diese mit allen Mitteln dagegen arbeitet, wie sie es ja immer getan hat. Und der Feind hat auch dieser Bewegung durch verschiedene Mittel und Wege entgegengewirkt. Ein sehr schlauer und listiger Schlag ist dem Feind gelungen, indem er den Pastor Paul gebraucht hat, die Lehre, dass wir durch den Tod Jesu von uns selbst befreit sind, so auf die Spitze zu treiben, als ob der Tod Jesu uns jetzt schon dahin gebracht habe, dass wir uns der Sündlosigkeit rühmen dürfen. Man hat in der Glaubensbewegung darauf hingewiesen, wie Christus dem Feind in der Versuchung immer nur das Wort der Schrift entgegengehalten hat. Aber jetzt hat der Feind dem Heiland diese Waffe dadurch aus der Hand zu winden gesucht, dass er auch ein Wort der Schrift so sehr auf die

Spitze stellte, dass er ihn verderbt hätte, wenn Jesus diesem auf die Spitze getriebenen Wort nachgegeben hätte.

Es war eine herrliche, große Zeit für die Gemeinde Gottes angebrochen oder doch eingeleitet, als der Geist Gottes durch Menschen, wie Blumhardt, Jungfer Trudel, Seckendorf, Stockmayer, Schrenk und andere die biblischen Wahrheiten und Ziele wieder auf den Leuchter stellte. Es war wenigstens der Anfang zu einem großen Durchbruch gemacht, als es dem Geist Gottes gelungen war, die schriftgemäße, biblische Heiligung aufzudecken, den Weg der wahren Heiligung durch Christi Tod. Und wie Herrliches war dem Geist Gottes gelungen, als die Gemeinde nach den höchsten Zielen ausschaute und nach der Heiligung und den Gaben und Kräften der ersten Zeit zu trachten angefangen hatte! Wie Herrliches und Großes wäre geschehen und aus der Gemeinde geworden, wenn es kein Aufhalten in diesem Trachten gegeben hätte, bis sie wieder im Besitz dessen gewesen wäre, was ihr 1. Korinther 12 und 13 vorgehalten wird.

Aber die Hölle ist auch in dieser herrlichen Geistesbewegung mit gewaltigen, mächtigen Gegenwirkungen auf den Plan getreten.

Es ist zum Weinen, wenn man sehen muss, welchen Schaden und welche Verstörungen anzurichten ihrer List gelungen sind. Wenn uns der Geist Gottes die Erlösung, die Reinigung, die Heiligung durch Christi Tod vor Augen hielt und wir solche Worte verstehen durften: »Und ihr seid geheiligt durch das Opfer seines Leibes«, so stellte der Teufel dieser herrlichen Wahrheit gegenüber die Irrlehre auf: »Ihr seid schon jetzt sündlos, ihr habt gar keine Sünden mehr«. Dem Trachten nach den wirklichen Gaben und Kräften der apostolischen Zeit stellte der Teufel das erbärmliche, armselige Zerrbild der Pfingstbewegung entgegen. Diese traurige Karikatur, welche nur die Hölle aufstellen konnte, soll ein Pfingsten sein wie zur Apostelzeit. Von dieser Pfingstbewegung aber erkannte und bekannte einer ihrer ersten Führer, der Pfarrer Regehly, noch vor seinem Heimgang, dass 99 % nur seelisches Treiben seien und 90 % ihrer Weissagungen und Botschaften sich nicht erfüllt hätten und darum unter das Urteil 5. Mose 18, 21 u. 22 fallen. Es ist nicht zu ermessen, welch namenlosen Schaden dieses Zerrbild eines neuen Pfingsten dem Trachten nach der wirklichen Kraft aus der Höhe, nach dem Heiligen Geist und seinen Gaben und Kräften angerichtet hat. Durch die Irrlehre, dass wir schon jetzt in diesem sterblichen Leib ganz sündlos geworden sind und keine Sünde mehr haben, ist es dem Teufel bei Unzähligen gelungen, dass sie jetzt das Kind mit dem Bad ausgeschüttet haben, indem sie nicht nur diese Irrlehre, sondern auch das Trachten nach biblischer, wahrer Heiligung über Bord geworfen haben, ganz entgegen dem Worte: »Jaget nach der Heiligung, ohne welche wird niemand den Herrn sehen« (Hebr. 12, 14). Wenn der Apostel seine Zeitgenossen, die den Heiligen Geist schon empfangen haben, ermahnt, voll Geistes zu werden, so ist man in großen, weiten Kreisen, wo man dieses Trachten nach des Geistes Fülle hatte, vor Schrecken über das Zerrbild der sogenannten Pfingstbewegung in eine hölzerne, kraft-, saft- und ziellose sogenannte Nüchternheit zurückgesunken.

Aber alle diejenigen, welche mit Pauls Irrlehren diese biblische Wahrheit haben wieder fahren lassen, die sollten doch auch bedenken, was für ein Hohngelächter sie der Hölle dadurch bereitet haben; denn an denen hat der Teufel den Zweck erreicht, den er mit Pauls Sündlosigkeitslehre erreichen wollte.

Ich kann es bei dieser Gelegenheit nicht unterlassen, aus den traurigen Erfahrungen etwas mitzuteilen, die ich in meinem Hause machen musste mit solchen Besessenen, die durch die Pfingstbewegung besessen wurden und als solche dann hierher kamen und Befreiung suchten.

Die Dämonen, die aus diesen Besessenen sprachen, jammerten, dass »der Nazarener sie immer zwinge, ihre tiefsten Geheimnisse zu verraten«. Sie bekannten, dass »Satan jetzt alle seine Heere sammle zum Kampf wider den Nazarener«. … »Aber wir Pfingstgeister sind die Elite (Kerntruppen) der Hölle, denn wir haben die Aufgabe, die Gemeinde zu zerstören oder doch zu zerfleischen«. … »Die Hölle hat gezittert, als die Gemeinde so ausgeschaut hat nach den Kräften und Gaben der apostolischen Zeit. Aber das haben wir ihr versalzen. Jetzt trachtet die Gemeinde nicht mehr nach apostolischen Geistesgaben und -kräften. Und sie darf nicht mehr nach diesen Kräften trachten. In dieser Kraft würde sie auf der ganzen Linie siegen.«

Wir brauchen uns keine solche Standrede vom Teufel halten zu lassen, auch dann nicht, wenn der »Nazarener« diese Dämonen zwingt, dass sie solche Wahrheiten und Tatsachen verraten müssen. Vielmehr sollte die Gemeinde Gottes das von selbst einsehen. Denn es ist ja mit Händen zu greifen, welch eine Freude diejenigen der Hölle gemacht haben und noch machen, die sich durch die Irrlehre der Sündlosigkeit und durch die traurige Pfingstbewegung haben dazu bringen lassen, dass sie nicht mehr nach der Heiligung und nach den Gaben und Kräften der apostolischen Zeit trachten. Kann das nicht oder sollte das nicht ein Blinder sehen, und ist das nicht mit Händen zu greifen?

Aber es ist auch eine noch wenig erkannte Tatsache, dass solche, welche sich haben abschrecken lassen, nach biblischer Heiligung zu trachten, Überwundene des Satans sind. Denn derjenige, der sich durch die List des Feindes von den Zielen und den Wahrheiten und der Heiligung abbringen lässt, die der Heilige Geist wieder auf den Leuchter gestellt hat, der ist ebenso gut ein Besiegter durch den

Teufel, als wenn er durch seine Macht besiegt worden wäre. Denn an ihm hat ja der Feind seinen Zweck erreicht, den er durch diese Irrlehre und Sündenlosigkeit erreichen wollte. O, dass alle diese Überlisteten sehen könnten, wie sie sich dadurch zu einem Gespött der Hölle gemacht haben!

Noch drängt es mich, an dieser Stelle auf eine wichtige Warnungstafel hinzuweisen, die Gott mit der Pfingstbewegung in seine Gemeinde hineingestellt hat. Es ist die allerernsteste Warnung, die es nur geben kann, doch ja nicht danach zu trachten, voll Geistes zu werden, wenn man sein Herz nicht erst hat reinigen lassen von Hochmut und Herrschsucht. Denn ich muss den Leuten, die die Führer der Pfingstbewegung geworden sind, das Zeugnis geben, dass sie, bevor die Pfingstbewegung kam, mit allem Ernst ausgeschaut haben nachdem Höchsten, nach der Geistestaufe, nach den Gaben und Kräften des Geistes. Aber sie haben das getan mit einem Herzen voll Hochmut und Herrschsucht, vielleicht ohne es zu merken, und haben deshalb zur Strafe anstatt die Geistestaufe und ihre Gaben nur einen falschen Irr-, Lügen- und Schwarmgeist bekommen.

Damit niemand sagen kann, dass das eine grundlose Meinung von mir sei, muss ich bezeugen, dass ich einen dieser Brüder, den ich nicht namhaft machen will, kurze Zeit vor Ausbruch der Pfingstbewegung in einer der bekannten »Brieger Wochen« vor einem engeren Brudergericht verklagen musste, weil er dem Reichsbrüderbund dekretierte, er müsse aufgehoben werden, sein Blatt »Der Brüderbote« müsse eingehen, mit der Androhung, wenn wir das nicht täten, würden sie uns überrennen. Doch hat der Reichsbrüderbund schon bestanden, als dieser Bruder noch mit der Schülermappe ging. Aber nur seine maßlose Herrschsucht hat ihn dahin gebracht; er hatte ein großes Gebiet zu »beherrschen«, aber den Brüderbund konnte er nicht beherrschen, wenn dieser nicht aufgelöst wurde. Dieser Bruder wurde nachher, als die Pfingstbewegung kam, einer der fanatischsten Führer der Pfingstbewegung.

Ein anderer dieser Brüder, der jetzt noch ein Führer in der Pfingstbewegung ist, war damals bekannt durch seinen Hochmut. Er sagte einmal: »Alle die Reichsgottesarbeiter und auch die Gemeinschaftspastoren sitzen neidlos zu meinen Füßen«. Auch er war einer von denen, die nach dem Höchsten ausschauten, aber mit diesem maßlosen Selbstbewusstsein und Hochmut im Herzen.

Kann es eine größere Verstiegenheit und einen raffinierteren Hochmut im Lichtsgewand geben, als wenn ein weiterer der ersten Führer der Pfingstbewegung vor die Gemeinde Gottes hintritt und dem Wort 1. Joh. 1, 8 frech ins Gesicht schlagend steif und fest behauptet, man sei sündlos? Und diese herrschsüchtigen und hochmütigen Geister haben alle nach Geistestaufe und Geistesgaben getrachtet mit ihrem Hochmut und ihrer Herrschsucht im Herzen. Ist es da ein Wunder, wenn sie bald danach die ersten Lehrer eines solchen Schwarm- und Lügengeistes, wie die Pfingstbewegung ist, geworden sind?

Es ist mir eine Gewissenspflicht, auf diese furchtbar ernste Warnungstafel hinzuweisen, weil sie von vielen ganz übersehen wird.

Das war eine der stärksten Gegenwirkungen gegen die so herrlich und im Geist angefangene Glaubens- und Heiligungsbewegung der letzten 50-60 Jahre. Und wenn man fragt: Wie steht es jetzt mit dieser Bewegung?, dann sage ich: Es sind auch außer der Pfingstbewegung von allen Seiten Dinge hereingebrochen, durch die der Feind das zu dämpfen und zu zerstören sucht, was der Heilige Geist angefangen und so herrlich ausgewirkt hat.

Fräulein von Seckendorf hat ein solch wahres Wort ausgesprochen, als sie einmal sagte, es sei ihr ganz klar geworden, dass niemand die apostolischen Geistesgaben und Geisteskräfte bekommen könne, der sich nicht jedes Haar von Parteigeist und Parteiherrschsucht ausgerauft habe. Denn der Heilige Geist diene keiner Partei. Wer sich selbst und seine Partei sucht, der würde, wenn er den Geist Gottes und die Gaben des Heiligen Geistes bekäme, das nur missbrauchen für seine Parteizwecke und seine Parteiherrschaft. Aber wie gestalteten sich in den letzten Jahren die Verhältnisse in der Gemeinde? – Es nimmt eine Parteizersplitterung überhand. An verschiedenen Orten sind Leute aufgetreten, die das Reich Gottes aufbauen wollen und dann eine kleine oder größere Partei organisieren und dabei in Gefahr stehen, sich zu Herrschern über diese Partei zu machen. Und weil es immer mehr solcher Parteien und Parteihäupter gibt, so wird die Spaltung, die Zerrissenheit und die Uneinigkeit in der Gemeinde immer größer. Aber der Gemeinde Gottes werden solche keine Hilfe sein, denn Leute, die den Leib Jesu so zerreißen, können nicht angetan werden mit den Kräften und Gaben, um Hilfe zu bringen und der Gemeinde das zu sein, was sie ihr sein könnten und sollten. Denn sie tragen, vielleicht unbewusst, ihr Redliches dazu bei, die Uneinigkeit des Geistes, Parteistreit, Parteineid und Parteikampf zu entfachen und den Leib Christi immer mehr zu zerreißen, wodurch der Heilige Geist immer mehr betrübt und vertrieben wird. Man musste schon seit Jahren sehen, wie es größere oder kleinere solcher Parteihäupter gibt, die zwar sehr rührig und fleißig sind, bei denen man aber nichts von dem Trachten nach dem sieht und spürt, was die Menschen, besonders aber die Gemeinde, in unserer Zeit brauchen und nach dem, was ihnen allein helfen kann: nach dem zu trachten, was Christus und die Apostel gehabt haben. Daher auch solche mehr eine Abneigung als eine Zuneigung zu solchen Gesandten und Werkzeugen haben, die Gott seiner Gemeinde schenkt, um sie tiefer und weiter zu führen. Solche sind sehr in der Gefahr, dass sich an ihnen das Wort erfüllt: »Ihr bauet der Propheten Gräber und steiniget, die zu euch gesandt sind«.

Wenn man sehen muss, wie eine überwiegende Zahl die heiligen Wege verlassen hat und immer mehr verlässt, welche der Heilige Geist gezeigt hat und führen wollte, so liegt für manche die Gefahr sehr nahe, Mut und Glauben zu verlieren und mit der Mehrheit zu gehen, auch wenn's mit derselben immer mehr bergab in oberflächliche und flache Wege eingeht.

Da gilt es aber, sich niemals ignorieren, bestechen und fortreißen zu lassen von dem, was eine ins Oberflächliche geratene Mehrheit tut. Es gilt unter solchen Verhältnissen ganz unentwegt nach dem zu trachten, was Christus und die Apostel hatten. Denn das allein kann der Gemeinde und allen helfen, und nach dem haben wir zu suchen und zu trachten mit ganzem Ernst, und wenn's sonst kein Mensch mehr tun sollte und man dadurch auch scheinbar isoliert werden sollte. Denn man hat dann etwas, was die Menschen brauchen. Wenn sie in einer verzweifelten Lage Hilfe suchen, werden sie nicht zu den Oberflächlichen gehen, sie werden immer wieder mit denen gehen, mit denen Gott ist. Und es wird immer wieder heißen: »Wir wollen auch mit euch gehen, denn wir sehen, dass Gott mit euch ist«. Es kann noch heute gar nichts und besonders in unserer argen Zeit den Menschen helfen, als ursprüngliches, biblisches Christentum. Das, was im Anfang bei Christus, bei den Aposteln und der ersten Christengemeinde vorhanden war, das braucht man heute noch ebenso wie damals. Und wer die Wege geht, die immer mehr in die Gemeinschaft mit Gott und in die Kraft, wie sie die ersten Christen hatten, hineinführen, der hat etwas, um seiner Zeit und seinem Volk das zu geben, was sie brauchen. Aber da muss man Wege gehen, wie sie uns durch Männer wie Stockmayer und seine Freunde klar gezeigt wurden.

Menschen, die in die Kraft Gottes eindringen wollen, das müssen ferner heute noch Leute sein wie zu Jethros Zeiten, Leute, die allem Geiz feind sind. Niemals wird ein solcher, der von irdischem Sinn, Geiz oder Sorgengeist gebunden, voll Geistes werden. Es müssen Leute sein, die wirklich mit Christo gestorben sind und gestorben bleiben, aller Selbstsucht, allem Parteigeist und Parteitreiben, allem Hochmut abgestorben sind, die wirklich im Tal der Demut stehen.

Wer zu denen gehört, von denen der Apostel sagt: »Sie suchen alle das Ihre«, wird niemals in seinem ganzen Leben zu den Menschen gehören, die ihrer Zeit und ihrem Volk das bringen können, was sie brauchen und was ihnen fehlt.

Man hat sich sehr in acht zu nehmen: So mancher kann schall- und schwallvolle Reden, glänzende Referate halten, auch tiefe Erkenntnisse besitzen. Durch all das mag es ihm vorkommen, als ob er reich und satt sei und nichts bedürfe. Und weiß nicht, dass er arm, blind und bloß ist an alledem, was man wirklich braucht.

### *4. Das Gebet des Glaubens für die Kranken*

Es ist mir immer schwer gefallen, selbst zu erzählen, was Gott an den Kranken der verschiedensten Art auf die Seelenpflege und das Gebet hin getan hat. Aber so sehr es mir auch bis zur heutigen Stunde noch widerstrebt, selber hierüber Mitteilungen zu machen, so gab es auch hin und wieder Ausnahmen, dass ich auch Freudigkeit hatte, einiges mitzuteilen: wenn es sich um solche Kranken handelte, die tief in der Verzagtheit und Mutlosigkeit und im Unglauben daniederlagen. Da durfte man erfahren, dass nichts den Mut und den Glauben solcher Niedergedrückten mehr und schneller aufrichtet und zum Glauben bringen kann, als ihnen selbsterlebte Beispiele vorzuhalten, welche Taten Gott an solchen getan hat, die im gleichen

Elend daniederlagen wie sie. Oft musste ich erfahren, dass solche, bei denen aller Mut und aller Glauben versunken war, wenn man ihnen auch erzählte, was vor über 1800 Jahren durch Christus und die Apostel geschehen ist, beinahe einschliefen. Durch die Taten Gottes früherer Zeiten konnten sie sich nicht zu dem Glaubensschluss mehr erheben, dass Gott noch heute derselbige ist und dasselbige tut und sie denselbigen Heiland haben. Wenn man ihnen aber wunderbare Taten Gottes vorhalten kann, die er heute in unserer Zeit getan hat, das vertreibt ihnen den Schlaf, da wachen sie auf. Und man durfte oft erfahren, dass es eines der wirksamsten Mittel ist, sie aus ihrer Verzagtheit, ihrem Unglauben und ihrer Mutlosigkeit aufzurütteln. Nur aus diesem Grunde habe ich Freiheit und Freudigkeit, einige selbsterlebte Taten Gottes, die er in unseren Häusern getan hat, auch hier mitzuteilen, in der Annahme, dass sich auch unter den Lesern genug solche Seelen finden werden, die in allerhand Krankheitselend sind und in Mutlosigkeit und Verzagtheit daniederliegen.

Es mögen etwa 19 Jahre verflossen sein, da brachte ein Jüngling, an dem Gott selber vorher in unserem Haus etwas getan hatte, einen Mann zu uns, der schon seit sechs Jahren an beiden Füßen gelähmt war. Eine Eisenbahnschiene war ihm auf den Rücken geworfen worden, und die Rückenmarksnerven waren dadurch dermaßen beschädigt worden, dass beide Beine gelähmt wurden. Er erzählte, die Ärzte hätten ihn eine Zeitlang in Heilanstalten und Bädern herumgeschickt, ihn aber endlich als unheilbar erklärt und ihm gesagt, wenn er an einem Ort, wo recht gute, reine Luft sei, sich aufhalte, dann könne er sein Leben noch um zwei Jahre verlängern. So kam er zu uns. Ich fand sofort, dass er ein sehr aufrichtiger Mann war. Wenige Andachten, die er anhörte, rüttelten ihn so auf, dass er auf eine ganze Reinigung seines Gewissens und seines Sinnes einging und all seine Gewissenslasten ins Reine brachte. Wo er mit jemand zerfallen war, bat er um Verzeihung; wo es nötig war, erstattete er zurück. Diese Ehrlichkeit und Geradheit war gewiss mit ein Grund, dass er auch das Evangelium und die Verheißungen so kindlich und freudig glauben konnte. Dies gab mir Freudigkeit, ihm schon nach wenigen Tagen seines Aufenthaltes bei uns die Hände aufzulegen und für ihn zu beten. Als wir gebetet hatten, trat er auf seine beiden Füße und sagte: »Im Namen Jesu, ich bin geheilt« und fing an, in seinem Zimmer und in dem anstoßenden Speisesaal auf und ab zu gehen. Dann setzte er sich nieder, fing an vor Freude zu weinen und sagte: »Ach Gott, was hast du an mir getan, ich bin ja wirklich geheilt!« Gleich darauf versammelten sich die Gäste zum Abendbrot. Weil der Mann bis jetzt immer an den Tisch hin und auch wieder weggetragen werden musste, war es den Gästen auffallend, dass er jetzt selber zum Tisch kommen konnte. Vor Freude war er noch so bewegt, dass er die Gäste bat, erzählen zu dürfen, was der Herr an ihm getan hatte, da sie ja gesehen hätten, dass er immer hin und her getragen werden musste und jetzt selbst gehen könne. Nach der Mahlzeit umstanden ihn die Gäste und fragten ihn, wie das gekommen sei. Da sagte er, unter dem Gebet habe er die Kraft Gottes gespürt und gleich den Trieb: »Stehe auf, du bist geheilt«. Und da konnte er auch gleich aufstehen. Nach seiner Heimkehr ist er zehn Jahre lang ein lebendiger Zeuge für den Herrn gewesen, hat in seiner Gegend für den Herrn viel gearbeitet und ist oft viele Stunden weit gegangen, um Versammlungen zu leiten; er gründete einen Blaukreuzverein und baute Versammlungshäuser, bis er selig und im Frieden von seiner Arbeit abgerufen wurde.

Ein anderes Beispiel, das ich in unserem Erholungsheim in Ostpreußen erlebte, ist folgendes: Da kam ein Gerbergeselle mit einem kranken Bein, an dem alle Kunst der Ärzte sich vergeblich erwies. Unter dem Eindruck der Andachten wurde ihm sein Sündenleben vor Augen gestellt, und er bekannte alle seine Sünden, brach mit allem, was noch Sünde und Finsternis war, und lieferte sich ganz mit Seele, Leib, und Geist Gott aus. Aber über eine Sünde konnte er gar keine Ruhe finden: Er hatte mit drei anderen Gesellen seinem Meister Leder gestohlen und das Leder um 300 Mark an einen Juden verkauft. Aber der Gerber entdeckte das Leder bei dem Juden und verklagte diesen. Sie hatten nun sich selbst und den Juden durch einen falschen Eid fein herausgebracht. Es schien ihm unmöglich, seinem Meister das zu bekennen, aus Furcht, er komme dann ins Zuchthaus. Wir sagten ihm, dass wir immer gefunden hätten, wenn einer seine Verfehlung offen und ehrlich bekannt habe, dass Gott es stets so gelenkt habe, dass es nicht zur gerichtlichen Bestrafung kam. Und so glaubten wir auch, dass Gott dem Gerbermeister das Herz lenken werde, dass er nicht gerichtlich einschreiten werde. Und wenn's dann doch geschehe, so solle er es nicht fürchten. Er solle lieber ins Gefängnis gehen, als diesen Diebstahl und Meineid Zeit seines Lebens auf dem Gewissen herumtragen. Daraufhin wagte er es, die ganze Sache in einem Briefe seinem Meister zu bekennen, war aber nachher immer noch voll Angst und Zittern vor den Folgen, die das nach sich ziehen werde. Der Meister schrieb an ihn einen solch lieben Brief, dass er ihm alles vergebe und wie er sich freue, dass er in dieses Haus gekommen sei, wo er ehrlich geworden sei. Sein Sündenbekenntnis habe auch ihm Dinge aus seiner Vergangenheit aufgedeckt, und er bat ihn dringend, er solle ihm die Freude machen und ihn besuchen, wenn er unser Haus wieder verlasse. Der Geselle weinte vor Freude, als er diesen Brief las, und nach etwa acht Tagen konnte er ganz geheilt von uns scheiden. Bald darauf brachte er einen Mann zu uns, der sehr kranke

Augen hatte, den der Herr auf die gleiche Weise reinigte und dann heilte.

Noch ein anderer Fall zeigt, wie auch Türen und Herzen für das Wort Gottes aufgehen, die vorher verschlossen waren, wenn Gott eine sichtbare Tat tut, die auch die Weltmenschen nicht leugnen können.

Aus einem Städtchen, nicht weit weg von Teichwolframsdorf, in dem es bis dahin nicht möglich war, eine Gemeinschaft zustande zu bringen, brachte man einen kranken Mann in unser Haus, der, als er geheilt war, mir bekannte, er habe fünf Krankheiten gehabt. Seine Hauptkrankheit war aber Rückenmarkverzehrung. Sein Rückgrat war so schwach, dass er sich nur mit Hilfe von zwei Korsetts aufrechterhalten konnte, von denen das eine ein Gipskorsett war. Er bekannte, wie krank er sei, was er ganz vor uns zu verbergen gesucht hatte aus Furcht, wir würden ihn gar nicht bei uns aufnehmen. Als er etwa fünf oder sechs Tage hier war, musste ich an Stillings Wort denken, oft habe ein großer Sünder auch große Geisteskräfte, denn er nahm alle die Wahrheiten in den Andachten mit einer Kraft und einem Feuer auf und ging ebenso feurig ganz aufs Wort Gottes ein, wie er einstmals sich der Sünde hingegeben hatte. Es war für mich eine Herzensfreude, wie dieser kranke, reuige Sünder so kindlich und fest dem Worte glaubte, wo es Glauben forderte, und gehorsam war, wo es Gehorsam forderte, und sich bis auf den innersten Grund durchforschen und durchrichten ließ, wo Gottes Wort als ein Schwert Gedanken und Sinne des Herzens durchrichten wollte. Das Wort und der Geist Gottes konnten in dem Manne gründliche Buße und Reinigung, aber auch kindlichen und festen Glauben wirken. Und bald darauf hat der Herr an diesem Kranken dasselbe getan, was er an dem Gichtbrüchigen tat: erst gesagt: »Dir sind deine Sünden vergeben« und dann: »Stehe auf und wandle«. Er kam zu einem vollen Frieden und voller

Freude der Sündenvergebung, ging aber auch von allen seinen fünf Krankheiten geheilt nach Hause. Seine beiden Korsetts konnte er hier begraben, und er kam so aufrecht und frisch daher wie ein Gardist. Bald darauf schrieb er an mich, ich müsse in seine Stadt kommen und in seinem Hause Versammlungen halten; es würden viele Menschen in meine Versammlung kommen. In seiner Stadt sei es anerkannt, dass Gott an ihm ein großes Wunder getan habe. Es stand etwas längere Zeit an, bis ich dieser Einladung folgen konnte. Als ich aber die erste Versammlung in seinem Hause hielt, kamen viele Menschen zusammen, und ich durfte hier dasselbe erfahren, was ich auf meinen Evangelistenreisen erfahren habe, dass, wenn durch ein mitfolgendes Zeichen, durch eine Gottestat an Kranken die Türe in einem bis dahin verschlossenen Ort aufgetan war, dann die Leute so begierig das Wort an- und aufnahmen; es wurde mit großer Begierde aufgenommen. Diese Tat, die der große Jesus an dem Kranken getan, hatte nicht nur die Stadt, sondern auch die Herzen geöffnet und willig gemacht. Seitdem besteht in dieser Stadt eine Versammlung.

Vielleicht darf ich hier auch etwas aus einem Briefe anführen; der heute etwa einen halben Monat alt ist. Der Brief ist von einer Person geschrieben, die krank in unser Haus kam und geheilt wieder fortging. Sie schreibt: »Als ich vor reichlich acht Tagen Ihr Haus verließ, war mein Herz voll Lobes und Dankes für die erfahrene Gnade und Hilfe an Leib und Seele. Wie krank, wie elend kam ich vier Wochen zuvor zu Ihnen! Es war, als könne ich nie, nie wieder froh und zuversichtlich werden. Und nun bin ich still und getrost wieder zurückgekommen, ärmer an Menschen, aber um vieles reicher. Immer wieder muss ich Eph. 1 lesen, wenn ich an Teichwolframsdorf zurückdenke, und klar und fest heißt es in mir: Jesus allein! Die mir von Neuem so wunderbar geschenkte Gesundheit und Kraft soll ihm gehören. Darin muss ich noch viel lernen; denn da gehört manches nicht hin, was mir bis jetzt Freude machte. Jedenfalls muss ich es Ihnen zur Ehre Gottes noch einmal sagen: Die schwere Darmkrankheit, die kein Arzt, keine Operation heilen konnte, ist ganz, ganz heil geworden. Es ist mir zumute wie jenem Weibe, das seines Kleides Saum anrühren durfte und gesund ward. Ja, er ist heute noch ganz derselbe Heiland wie damals. Ihm sei Ehre und Dank, Lob und Anbetung ewiglich.«

Mit diesem Briefe sollte wenigstens ein Beispiel von so vielen Briefen ganz ähnlicher Art angeführt werden, wie wir sie jahraus, jahrein bekommen.

Wie eine Gewissenspflicht fühle ich es, auch ein Wort über die Salbung nach Jak. 5 bei dieser Gelegenheit zu sagen.

Ich habe auch eine gewisse Reihe von Jahren lernen müssen, was die Salbung von Kranken nach Jak. 5 für eine Bedeutung hat. Und es ist mir ein wichtiges Anliegen, dass alle Kranken, die hierher kommen und Gebrauch davon machen wollen, und auch anderen, die dieses lesen, eine klare Erkenntnis über die Bedeutung dieser göttlichen Gnadeneinrichtung haben.

Erstens halte ich es für nötig, dass man die Leute davor warnt, dass sie nicht von dem bisschen Öl, das ihnen nach dem Wort des Herrn auf Haupt und Stirn geträufelt wird, eine Heilung erwarten. Es könnte sonst leicht eine Art Aberglauben oder Zauberei werden. In dieser Salbung »im Namen des Herrn« ist eine Bedingung eingeschlossen, die Gott an die Kranken stellt, wenn er sie heilen soll. Gott stellt an den Kranken die Bedingung, dass er sich vom Scheitel bis zur Fußsohle Gott weiht, wie es Römer 12, 1 heißt: Zu einem lebendigen, heiligen, Gott wohlgefälligen Opfer. Und was auch im zweiten Vers steht: es ist der heilige Entschluss, fortan nicht mehr dem eigenen Willen, sondern dem guten, vollkommenen und wohlgefälligen Gotteswillen zu leben. Manche Dinge im Alten Testament, die ausschließlich für Gott geweiht wurden, wurden mit dem heiligen Salböl geweiht, so die Stiftshütte und die heiligen Geräte, wie auch der Salomonische Tempel, und so Gott übergeben. Das hat der Herr nun im Neuen Testament auf die kranken Leiber übertragen. Er will dem Kranken durch die Salbung auf das Nachdrücklichste und Eindringlichste sagen: »Ich kann dich heilen und will dich heilen, aber unter der unerlässlichen Bedingung, dass ich dich nach Leib, Seele und Geist ganz in meinen Besitz bekomme.« Es ist darum die Salbung ein heiliger Opferakt, wo der Kranke alles, was er ist und hat, besonders auch seinen Leib Gott zu einem ganzen Opfer weiht und alle Kräfte des Leibes, der Seele und des Geistes in den Dienst des heiligen Willens Gottes stellt, wie Paulus in einer Stelle sagt: »Der Leib für den Herrn und der Herr für den Leib«. Ist der Leib ganz für den Herrn da und, wie Petrus sagt, dazu da, nicht mehr der Menschen Lüsten, sondern dem Willen Gottes zu leben, dann ist der Herr auch für den Leib da als Arzt, aber nicht nur für den Leib. Dann ist der Herr bereit, den Kranken nach Leib, Seele und Geist zu heilen.

Dieser Weiheakt des Kranken hat zwei Seiten; ich möchte sagen, eine negative und eine positive Seite. Die negative Seite ist der ganze, völlige Bruch mit allem, was Sünde heißt. Der Kranke hat kein Recht, vom Herrn Heilung zu erwarten, wenn er sich irgendeiner groben oder feinen Sünde bewusst ist, mit der er nicht ganz und für immer brechen will. Die positive Seite besteht darin, dass der Kranke sich dem Herrn mit allen seinen Kräften und Fähigkeiten, mit allem, was er hat und besitzt, ungeteilt hingibt und dem Herrn gar nichts vorenthalt, seinen ganzen Willen, nicht nur den halben, Gott hingibt und einen zerbrochenen Willen Gott zu Füßen legt, auch das Herz und die Liebe dem Herrn ungeteilt hingibt, kein geteiltes Herz behält. Ein lebendiges, heiliges, gottwohlgefälliges Opfer für den Herrn ist man nur dann, wenn man ganz losgebunden und losgelöst ist von allem, was an die Sünde, an sich selbst, an die Welt, an etwas Zeitliches, Irdisches, Vergängliches bindet, und dafür ein Sklave oder Gebundener Gottes ist, der mit jeder Faser, mit jedem Blutstropfen Gott angehört, an Gott gebunden ist und mit Freudigkeit Gottes gutem, heiligem, wohlgefälligem Willen lebt.

Das ist's, was die Kranken tun, wenn sie das Wort des Jakobus recht verstehen. Wenn sie auf diese Bedingungen eingehen, haben sie das Gnadenrecht, von Gott Hilfe und Heilung zu erwarten und ihn um die Heilung solange zu bitten, bis er ihnen hilft.

Es ist gewiss eine berechtigte Frage, die immer wieder manchem aufsteigen wird, ob denn alle die geheilt werden, welche auf diese Bedingungen eingehen. Da muss ich mit »nein« antworten. Nicht alle bekommen die leibliche Heilung. Aber alle, die wirklich ganz Ernst mit diesen Bedingungen machen, bekommen einen Segen, und zwar größere oder kleinere Segnungen. Es gibt aber auch manche, die auf der Stelle geheilt worden sind. Ein Beispiel: Ein Fräulein hatte, wie die Ärzte annahmen, seit vier Jahren ein Gewächs im Unterleib. Die Ärzte sagten, es sei unmöglich, dass dies ohne Operation verschwinden könne. Sie kam in unser Haus, ging auf alle vom Worte Gottes gestellten Bedingungen ein und wurde nach Jak. 5 behandelt. Zwei Stunden später trat eine Blutung ein, durch die ihr Leiden behoben wurde. Und sie blieb von dem Augenblick an geheilt. Ich muss sagen, dass sehr viele Kranke nach Behandlung nach Jak. 5 augenblicklich Heilung bekamen. Bei anderen ging's allmählich, andere mussten noch eine Zeitlang warten und wurden dann auch geheilt. Wieder anderen hatte Gott ihre Krankheit gelassen, hat sie aber mit einer solchen Kraft ausgerüstet, dass sie jahraus, jahrein trotz ihrer Krankheit Arbeiten verrichten konnten, wie sie kein gesunder, starker Mensch besser verrichten kann, und das oft viele Jahre bis an ihr Ende. Dadurch wurde Gott auch verherrlicht.

Dann weiß ich auch von solchen, die an ihr Krankenlager gebunden blieben, trotz der Salbung und trotzdem sie auf die Bedingungen eingegangen waren. Aber der Kranke war mit einem Geist und mit einer Kraft von oben angetan, dass von diesem Krankenbett ein Lebensstrom ausging. So weiß ich von einem Kranken, der auch aus meinem Hause fortging, an dessen Krankenbett sich eine der schönsten lebendigsten Gemeinden in einer großen Stadt bildete. Als er in einen anderen Stadtteil umzog, bildete sich auch da wieder eine Gemeinde um sein Krankenbett.

Es gibt ja so viele verschiedene Arten von Gebundenheiten und Krankheiten, wo man sich erst von Gott Licht erbitten muss, wie solche Kranke zu behandeln sind.

So brachte eine Mutter ihre etwa 24 jährige Tochter hierher, die durch die geheime Sünde so zerrüttet war, dass sie nicht allein von einem Platz zum anderen gehen konnte, ohne dass sie geschoben werden musste. Oft musste man ihr das Essen eingeben. Es war soweit mit ihr gekommen, dass sie sogar die Sünde vor anderen trieb, weil sie kein Bewusstsein und daher auch kein Schamgefühl mehr hatte. Da war mein Glaube auch auf eine harte Probe gestellt, weil man zu oft erfahren hatte, dass bei Leuten, die von dieser Sünde gebunden waren, es so sehr schwer wurde, bis sie frei wurden, auch wenn sie ihren vollen Verstand noch hatten. Da fragte ich mich: Wie soll diese frei werden von dieser Sünde, da sie ohne diese Befreiung auch nicht geheilt werden kann. Da zeigte mir das Wort aus Hes. 37 den Weg: »Ihr verdorrten Gebeine, höret des Herrn Wort!« Dieses Wort hat mich namenlos gestärkt für diesen Fall. Von diesen

Gebeinen heißt es: Sie waren sehr verdorrt. Da konnte sich auch kein Menschenwort bei solchen verdorrten Gebeinen mehr Gehör verschaffen. Was aber alle Menschen zusammen nicht konnten oder können, das konnte des Herrn Wort. Und des Herrn Wort kann sich bei Totengebeinen, und wenn sie noch so tot sind, Gehör verschaffen, dass sie aufstehen und lebendig werden.

Da sagte ich meinen Gästen: »Ihr seht diese Jammergestalt und das Elend dieser armen Person. Und Gott hat mir das Wort gegeben, dass, wenn sich sein Wort bei ganz verdorrten Totengebeinen Gehör verschaffen kann, dann kann es das auch bei dieser elenden Person. Sie ist ja noch nicht leiblich gestorben, sie ist ja noch am Leben. Wenn wir durch unsere Reden an ihr nichts tun können, weil sie keinen Verstand mehr hat, so kann Gott so laut zu ihr reden, dass sie sein Wort hört und hören muss und dieses Laster aufgibt.« Und jetzt sollten sie alle den Herrn mit uns anrufen, dass der Herr mit ihr rede, damit sie ihre Sünde lasse. Denn schon oft habe ich bei anderen die Erfahrung gemacht, dass sie überhaupt nicht von ihrer Sünde befreit werden, solange sie nicht von diesem Laster lassen. Wir beteten im Glauben und glaubten es, dass Gott so in sie hineinreden möchte, dass sie ihr Laster aufgeben müsse. – Da kam eines Tages ihre Mutter und sagte, etwas sei mit ihr geschehen, von dem Laster sei sie jetzt frei. Und immer wieder konnte die Mutter sehen, dass sie wirklich frei geworden war. Sonst aber schien sich ihr Zustand nicht viel gebessert zu haben, als dass sie etwas freundlicher wurde, und so reiste ihre Mutter mit ihr wieder ab. Aber schon nach einigen Tagen kam ein Jubelbrief von der Mutter, dass ihrer Tochter geholfen sei, sie sei jetzt wieder vernünftig. Nach einiger Zeit hielt ich in ihrer Stadt einige Versammlungen, die sie mit ihrer Mutter besuchte. Ich konnte mich selbst davon überzeugen, wie frisch und vernünftig die Tochter aussah.

Schon bevor wir unsere Erholungshäuser hatten, durften wir viele Jahre hindurch die Gebetsmacht in dieser Weise erfahren. Wenn durch einen kleineren Gebetskreis nicht geholfen wurde, so wurde ein größerer aufgeboten. Und in ganz schweren Fällen boten wir unsere ganze Gebetsgemeinde im »Brüderboten« auf. Da mussten wir erfahren, dass es Siege gibt, die der Einzelne nicht leisten kann, sondern die nur von einer größeren Gemeinde zu erringen sind.

Im Allgemeinen hat sich uns aber aus Hunderten von Tatsachen die Gewissheit aufgedrängt, wenn auch jetzt schon bei dem niedrigen Glaubensstand, den wir einnehmen, manche mitunter auch herrliche Siege erkämpft werden, so gibt es aber auch Siege, die erst dann wieder zu erkämpfen sind, wenn die Gemeinde in ihrer Gesamtheit auf ein höheres Niveau des Glaubens und der Kraft Gottes gehoben ist. Wenn man das erst erkannt hat, dann ist es einem das größte und tiefste Anliegen, dass die ganze Gemeinde wieder aus allen ihren Spaltungen, Trennungen und Zerrissenheiten herauskommt und wieder ein Herz und eine Seele wird und sich von allem bis auf den Grund scheidet, reinigt, heiligt und zur Heiligung durchringt, wie sie die ersten Christen hatten, sodass unser Heiland sagen kann: »Ihr seid rein um des Wortes willen, das ich zu euch geredet habe.«

Ich musste bei der großen Zerrissenheit der Gemeinde oft an ein politisches Schattenbild denken. Wie schwach war Deutschland seinen umliegenden Feinden gegenüber, wie es noch in so viele große und kleine Staaten zerrissen war. Aber niemand hat geahnt, wie stark und mächtig Deutschland war, als es aus seiner Kleinstaaterei herausgehoben und ein großes deutsches Reich geworden war. Da musste ich oft denken: Mit welcher Kraft gegen die Gewalten des Todes, des Teufels, der Hölle, der Welt und aller Finsternismächte wird die Gemeinde siegen können, sie wird unüberwindlich sein, wenn auch da einmal die Groß- und Kleinstaaterei aufhört, und wenn sie wieder ein Herz und eine Seele und ein Geist sein wird, wenn wir an Stelle der menschlichen Organisation, die die Gemeinde nicht zusammenbringen kann, sondern sie immer mehr in größere und kleinere Partikel zerreißt und trennt, die Organisation haben werden, wie sie 1. Kor. 13 beschrieben ist.

Wie soll und wird diese Organisation zustande kommen?

Bei dieser Frage muss ich wieder an etwas denken.

Vor Jahren kam ich im Thüringer Wald an einen Schmelzofen, in dem Eisen geschmolzen wurde. Ich wurde zu der oberen Öffnung des Ofens geführt, und da lag eine große Masse ungeschmolzenen Erzes. Alles diese vielen Erzteile lagen herum, keines war mit dem anderen verbunden. Da kamen Männer, die schaufelten den ganzen Rummel Erz in den Schmelzofen hinein. Als ich etwas später wieder in die Schmelze kam, sagte mir der Geschäftsführer, wenn ich wolle, so könne ich jetzt sehen, was aus dem Eisenerz geworden sei. Ich musste noch einige Augenblicke warten, dann zog er ganz unten eine verschlossene Öffnung auf, und ein starker, glühender Strahl geschmolzenen Eisens sprang heraus. Jetzt waren die vielen tausend Eisenteile zu einem Guss verbunden, sie waren ein Guss geworden. All der Schmutz und Kot, der sie vorher getrennt hatte, blieb in dem Schmelzofen zurück.

Da habe ich mich oft gefragt: Muss denn unser Herrgott dieselbe Prozedur mit der Gemeinde machen, wenn sie ein Guss, ein Geist, ein Herz, eine Seele werden soll? –

Aber wir könnten alle etwas dazu beitragen durch anhaltendes Gebet und dadurch, dass ein jeder an seinem Teil alles flieht, was die Spaltung und Zerrissenheit vergrößert.

## 5. *Ein kurzes Wort über Nervenkrankheiten*

Es ist kaum zu sagen, wie in unserer Zeit alle Arten von Nervenkrankheiten und Nervenleiden überhand nehmen. Wir haben in unserem Heim mit Nervenkranken sehr viel zu tun.

Wie ich noch Reiseevangelist war – bevor wir die Erholungshäuser hatten –, sagte mir ein bedeutender Gemeinschaftsführer, Dr. N. N., dass, wenn eben bei Kranken die Nervenkraft weg sei, mit ihnen nicht viel zu machen sei. Seit wir aber unsere Häuser in Ostpreußen und Sachsen hatten, durften wir gerade an den Nervenkrankheiten der, verschiedensten Art die herrlichsten Erfahrungen mache. Es sind wunderbare Heilungen an vielen Nervenleidenden geschehen, sodass ein Arzt, dem früher die äußere Aufsicht unseres Heimes in Teichwolframsdorf unterstellt war, bei seinem Abschied vom hiesigen Ort mir sagte, hier habe er eine Bestätigung gefunden für das, was die größten Nervenärzte unserer Zeit sagen, nämlich, dass bei Nervenkranken es keine besseren Heilmittel gebe als religiöse Einwirkungen. Dieses sage auch ein berühmter Nervenarzt, der sogar ein Buddhist sei. Und das habe er hier bestätigt gefunden.

Ich erlaube mir, allen, die mit Seelenpflege und auch mit Nervenkranken Zutun haben, einen Wink zu geben, worin diese religiöse Einwirkung bestehen muss. Denn es ist immerhin noch fraglich, ob diese Ärzte, die das erkannt haben, selbst über die rechte religiöse Einwirkung Bescheid wissen. Dies Geheimnis, das diese helfende, heilende Wirkung bei Nervenkranken ausübt, haben wir darin gefunden, den Kranken dazu zu bringen, dass er sich gar nicht mehr mit sich selbst abgibt, nicht mehr um sich selber kreist, nicht immer in sich selbst oder auf seine wirklichen oder eingebildeten Leiden blickt, sondern lernt, nur auf

Christum zu blicken, sich mit Christum zu beschäftigen, Christum recht zu betrachten und zu besehen in seinem Wort, sich um Christum zu drehen, wie er sich vorher um sich, selbst gedreht hat.

Das geht bei manchen sehr schwer. Da gibt es solche, die einen krankhaften Hang haben, nur an sich selbst zu denken und sich mit niemand abzugeben als mit sich selbst. Aber solche müssen das lernen, es muss einmal sein. Und was durchaus sein muss, das ist auch möglich: dass sie sich wieder um die große Lichtweltsonne bewegen, wie die Planeten sich um die Sonne bewegen. Dadurch verlieren die kranken Nerven und derjenige, der oft hinter den kranken Nerven steht, die Herrschaft über den Kranken. Und je mehr der Kranke Jesum betrachtet, desto mehr zieht er Kräfte aus Christum an, dass er über seinen kranken Nerven und über dem stehen kann, was so oft darüber steht. Ein Medizinalrat in Posen – er war freilich ein gläubiger, geheiligter Mann – sagte, dass ein gesunder, guter Nervenbau für den Geist und die Seele des Menschen dasselbe sei, was eine starke Festungsmauer um eine Stadt her sei. Der Feind könne das Innere der Stadt nicht berennen, solange die starken Festungsmauern aufrecht ständen; wenn sie aber niedergerissen seien oder viele Lücken hätten, dann könne der Feind direkt in die Stadt hineinstürmen. Ebenso können die feindlichen Mächte direkt den Geist und die Seele berennen und unterdrücken, wenn die Nerven geschwächt, krank und zerrüttet sind. Aber wenn ein Nervenkranker das lernt, sich recht mit Christus zu beschäftigen, ihn recht zu betrachten, dann zieht er Kräfte aus Christi Kraft an, durch die seine kranken Nerven geheilt werden, dass er über den Finsternismächten stehen kann, die hinter den kranken Nerven stehen.

Noch ein Wort über die Ursache der Nervenkrankheiten. Ich habe weder Zeit noch Raum, mich über die Tausende von Ursachen zu verbreiten, durch die die Nervenkrankheiten so um sich greifen. Nur auf zwei Ursachen möchte ich hinweisen.

Die eine ist der Missbrauch auf den verschiedenen Gebieten des Geschlechtstriebes und die Unmäßigkeit desselben, besonders auch im Eheleben. Heutzutage gibt es so viele Ehen, in denen es so unmäßig zugeht, dass oft in wenigen Jahren alle Kräfte zusammenbrechen, und die Eheleute wissen nicht, dass es von der furchtbaren Unmäßigkeit im Eheleben herkommt. Ganz besonders verderblich für die Nerven sowohl des Mannes als des Weibes ist das gottlose Prinzip, dass man nur noch ein oder zwei Kinder haben will. Und dann führt man den Ehestand derart, dass es indirekter Kindermord ist. Viele verständige Ärzte sagen, dass diese Art ehelichen Umgangs furchtbar zerstörend sei für die Kopfnerven des Kleinhirns und die Rückenmarksnerven. –

Eine ganz andere Ursache, die uns in unserer Arbeit so oft begegnet ist und immer wieder begegnet, ist der fromme Selbstmord, wenn man in der Arbeit für den Herrn durch Unmäßigkeit in der Arbeit die Geistes- und Leibeskräfte so aufbraucht, dass man viel zu früh sich ruiniert oder auch ins Grab bringt. Sokrates, der göttlich weise Heide, sagt einmal, dass Mangel an Weisheit von Gott ebenso hart gestraft werde als das Laster: dieser Mangel werde mit Tod gestraft. Wie oft ich das auch schon Reichsgottesarbeitern vorgehalten, die zuweilen so unmäßig arbeiten, auch für den Herrn, dass sie ihre Nerven und ihre Gesundheit aufreiben. Weil Gott den Menschen nicht zu einem unvernünftigen Stück Vieh geschaffen, sondern mit Weisheit und Verstand ausgerüstet und geziert hat, darum verlangt er, dass er die Weisheit auch brauchen soll, und in erster Linie soll er diese Weisheit anwenden, um seine geistige und leibliche Gesundheit zu bewahren. –

Ich muss hier eine eigene Erfahrung zum Besten geben.

In einer Zeit, in der wir große Arbeitsfelder und wenige Mitarbeiter hatten, habe ich einmal so gearbeitet, dass ich ein Vierteljahr lang jeden Abend Vorträge hielt und den Tag über auch immer von Menschen umlagert war. Auf einmal waren meine Halsnerven und der Kehlkopf so krank, dass ich fast nicht mehr sprechen und essen konnte. Ich sah aus wie ein Todeskandidat, und man sagte, ich habe die Kehlkopfschwindsucht. Ein Bruder schrieb mir, dass viele, die viel sprechen müssen, an Kehlkopfschwindsucht sterben. Da stellte sich mir das Gleichnis vor Augen: Wenn ein Herr seinem Knecht ein besonders starkes Pferd in Obhut geben würde, das seinem Herrn 20 oder 25 Jahre Dienste leisten könnte, und der Knecht würde das Pferd so unvernünftig brauchen, dass er es schon in zwei oder drei Jahren totgefuhrwerkt hätte, so würde er für solchen Unverstand ein schlechtes Lob von seinem Herrn bekommen. Ich durfte wohl meinen Körper einem starken Pferds vergleichen; und bei dem Gedanken, wenn ich mich jetzt in meinem besten Mannesalter durch unmäßiges, unverständiges Arbeiten ins Grabs gebracht hätte, wurde mir Angst, wie ich vor Gott ankommen werde, wenn ich jetzt abgerufen würde. Zwar hatte ich die Gewissheit, dass ich nicht verloren gehe. Aber es war mir doch ein schrecklicher Gedanke, dass ich als ein frommer Selbstmörder zu früh in die Ewigkeit müsse. Ich tat Buße in Sack und Asche und gelobte meinem Gott, wenn er mir vergeben werde und mich wieder gesund mache, dann wolle ich haushälterischer mit meiner Kraft umgehen und ein treuerer Verwalter seines Eigentums sein. Ich lernte jetzt das Wort verstehen: »Ihr seid nicht euer selbst«.

Gott erhörte mich, aber von jener Zeit an ließ ich mich von der Arbeit nie so hinreißen, dass es über die Grenzen meiner Kräfte ging. Denn Gott fordert, dass wir die beiden Dinge beisammen haben: Glauben und kaufmännisches

Rechnen. Denn wie einer schon im äußeren Leben bankerott wird, wenn er mehr ausgibt als einnimmt, ebenso ist's auch mit dem Kapital der Gesundheit und der Lebenskraft, wenn man über die Grenzen hinausgeht. Es kommen manche Reichsgottesarbeiter und Reichsgottesarbeiterinnen in unser Erholungsheim, die sich ihre Nerven zerstört und ihre Gesundheit und Kräfte aufgebraucht haben durch zu viel und unmäßige Arbeit für den Herrn.

Aber daran sind auch vielfach ihre Vorgesetzten und Komitees schuld. Die pressen zuweilen ihre Reichsgottesarbeiter so aus und verbrauchen sie so sehr und sorgen gar nicht dafür, dass sie sich wieder erholen und ihre Kräfte erneuern und auffrischen können, und werden dadurch fromme Mörder an den Reichsgottesarbeitern und -arbeiterinnen, die unter ihrer Leitung stehen. Was für eine Rechnung werden solche in der Ewigkeit vorfinden, die als Inspektoren, Direktoren oder Oberinnen in den Diakonissenhäusern ihre Untergebenen so unvernünftig und unmäßig gebraucht haben, dass sie zu früh zugrunde gegangen sind. Ich schreibe das aus so vielfachen Erfahrungen, die wir in unseren Häusern machen mussten.